生活因阅读而精彩

生活因阅读而精彩

网络口碑营销学

极速传播的技巧

梁官雪◎编著

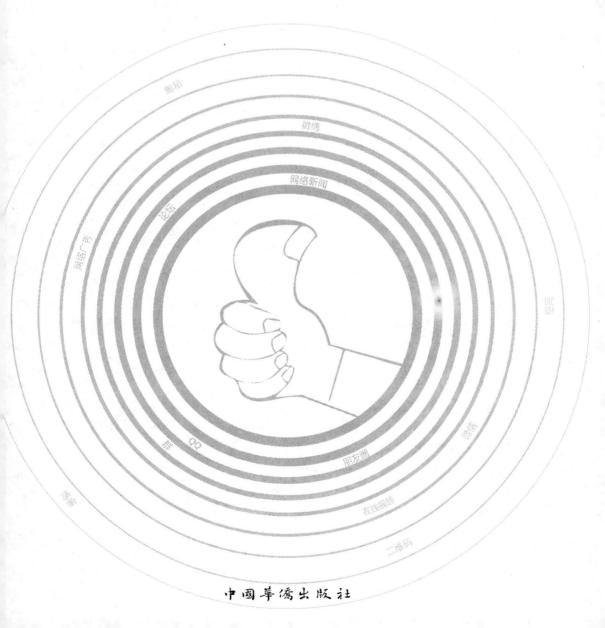

中国华侨出版社

图书在版编目(CIP)数据

网络口碑营销学:极速传播的技巧 / 梁官雪编著.—北京:
中国华侨出版社,2013.9

ISBN 978-7-5113-4068-9

Ⅰ.①网…　Ⅱ.①梁…　Ⅲ.①网络营销

Ⅳ.①F713.36

中国版本图书馆 CIP 数据核字(2013)第219480号

网络口碑营销学:极速传播的技巧

编　　著 / 梁官雪

责任编辑 / 文　喆

责任校对 / 李向荣

经　　销 / 新华书店

开　　本 / 787 毫米×1092 毫米　1/16　印张/17　字数/230 千字

印　　刷 / 北京建泰印刷有限公司

版　　次 / 2013 年 10 月第 1 版　2013 年 10 月第 1 次印刷

书　　号 / ISBN 978-7-5113-4068-9

定　　价 / 32.00 元

中国华侨出版社　北京市朝阳区静安里 26 号通成达大厦 3 层　邮编:100028

法律顾问:陈鹰律师事务所

编辑部:(010)64443056　　64443979

发行部:(010)64443051　　传真:(010)64439708

网址:www.oveaschin.com

E-mail:oveaschin@sina.com

前　言

　　口碑传播是一种由来已久的营销方式，它是指企业通过第三人之口，将其良好的口碑传播出去，实现强大的口碑效应。事实上，口碑并不是孤立存在的，它与企业的文化内涵有着密切的关系，正面口碑的建立离不开良好的企业文化底蕴。

　　信息化时代，信息的传播速度相比于过去而言，有了质的提高。对于依靠信息传播产生作用的口碑营销也不例外地受到了极大的影响，通过网络，无论是正面还是负面的口碑，都能在一瞬间家喻户晓，成为消费者关注的热点。这也就意味着，信息的高速流通为企业带来了迅速成名或者迅速惨败的可能性。在这样的时代，企业怎么可以不小心？

　　在告别了卖方市场后，我们迎来了买方市场。也即是说，消费者决定了企业的决策和经营。因此，这也就要求企业在树立良好口碑的过程中将消费者的需求正式纳入考虑范围。但是，如果企业很关注对忠实用户的培养，提高了消费者的满意程度，吸引了潜在的用户，但总是忽略消费者还可能成为负面口碑的传播者这一事实，那企业的生存也不会长久。因此，在要求企业保证产品、服务质量，尽量让利于消费者的同时，还必须做到尽可能满足消费者的个性化需求，减少其产生并传播负面口碑的可能性。这样看来，企业不能再把自己困在车间里，两耳不闻窗外事，一心只会搞生产。企业必须要时刻关注消费者的意见动态，掌握市场的动向，提前解决负面口碑可能产生的问题。

当然，企业需要关注的是正面口碑的树立问题。企业品牌并非生来就是驰名商标、知名品牌，企业所生产的产品也并不能做到十全十美。那么，要想赢得消费者的正面评价，并让其主动为自己进行口碑传播，就必须要掌握一定的口碑营销技巧：首先，通过吸引消费者进行体验来培养忠实的用户群，可以通过促销、试用品等形式让消费者直接接触到企业的产品或服务，这样，也才能得到消费者最真实的评价；其次，通过利用消费者的内在情感来进行口碑营销。这就要求企业掌握消费者的心理偏好，或利用美丽的外观，或利用深刻的人文内涵来吸引消费者的注意，并促成购买行为；再次，还可以通过良好的售后服务来维护客户关系并树立良好的口碑。企业可以向消费者展示自己优质的服务，以及诚恳的态度，以此来获得消费者的认可，并赢得其积极的评价；最后，企业还可以通过有影响力的人来实现对普通消费者的影响。这也就意味着，企业必须更加注意采纳消费者反馈回来的意见，进而以此作为依据改善自身服务或者产品，提高消费者的满意度。

网络口碑营销的传播影响力之大，被业内人士称之为"极速营销"。它是世界上最便捷的信息传播工具，基本上只需要企业的智力支持，不需要其他太多的投入。而当口碑营销遇到了快速发展的网络，更会激起耀眼的光芒。毫不疑问，口碑营销与网络营销的有机结合，是未来企业最主要和重要的营销模式。

目 录

第一章

口碑的惊人力量

　　口口相传这一营销方式的历史重现，是时代的选择，也是消费者的回归，更是营销方式发展的趋势。在信息时代，媒体、公共舆论不再是唯一的权威，消费者更加信任来自亲友、权威专家的话语，胜过铺天盖地的广告、公关或者其他营销活动。

❖ 口碑传播拥有巨大的力量

追根究底，口碑营销拥有着怎样的力量？看看某权威机构的一份某调查公司对我国十座城市的三千多位居民进行调查的报告。根据该调查，近六成的年轻人表示，在选择车辆时或多或少会依赖他人的建议；半数以上的人在朋友的推荐下才去看电影大片；近四成的受访者表示经常与人交流"购买及使用商品的经验"；其中担当重要角色的35岁以下的女性在商品购买过程中，更多会进行交流意见；消费者的收入越高、学历越高，就越会注重交流商品的品牌信息；六成以上的被调查者认为最可靠的信息来源是口碑营销，也即是，他们在购买商品时更倾向于听取朋友的介绍。另外，据分析数据显示，消费者经常在交流"购买及使用商品经验"，相互"介绍购物场所"、"购物经验"、"推荐品牌"等的同时，还会传播"产品中失败的经验和不好的感受"，而其传播频率竟接近30%。

事实上，口碑直接影响着产品的品牌形象和销售。只有当消费者体验到良好的品质，才会为企业做宣传，也才能够使得对企业的体验感受传播开来。而同样的，毁誉的传播将会影响，甚至打击产品的声誉，正印证了那句话，"水能载舟，亦能覆舟"。

在另外一家调查公司的调查报告中也同样给出了相似的结论。通过对大量产品信息渠道的研究，零点调查的调查人员发现，口碑传播是一种普遍被消费者接受并深受信赖的信息渠道。调查指出，四成以上的受访者会经常与他人交流关于"购买及使用商品的经验"，而有五成以上的人会交流社会热点问题，近五成的人谈论子女教育问题。同时，分析数据还指出，消费者在交流"购买及使用商品的经验"时，除了"介绍购物场所"（50.7%）、"介绍购买和选择商品的经验"（37.6%）、"推荐品牌"（37.4%）等外，还会传播"产品使用中失败的经验或不好的感受"，占全部受访者的25.7%。

通过对不同性别、年龄、收入群体进行口碑传播的内容的比较，不难发现，男性以及35岁以下的年轻人更倾向于进行"推荐品牌"，并且，随着学历、收入的增高，消费者中进行品牌信息的交流比例在不断增高。因此，研究人员认为这与男性、年轻人、高学历、高收入的消费者对品牌的密切关注度不无关系。

调查显示，从人们乐于传播信息的产品种类中可以看出，"服装鞋帽"（53.4%）、"日用百货"（46.7%）、"家用电器"（39.2%）和"食品饮料"（37.1%）占据主要地位。另外，不同年龄、性别的人所交流的商品种类不尽相同：年龄越小的人越倾向于交流"服装鞋帽"有关的信息，甚至有61.7%的18~25岁受访者经常与其他人交流"服装鞋帽"信息。并且，在25岁以下的年轻人中，关于"手机"（50.7%）、"化妆品"（41.5%）、"电脑"（40.9%）、"音像制品"（38.8%）的信息交流程度远远高于其他年龄层的人。年龄逐渐增大，这些话题也逐渐被"日用百货"、"食品"以及"住房"所取代。对于女性而言，"服装鞋帽"（65.3%）、"日用百货"（54.8%）、"化妆品"（44.2%）是其最爱彼此交流的话题产品，男性通常则会谈论"家用电器"（50.6%）、"手机"（45.3%）以及"住房"（42.0%）的相关话题。

在对这些数据进行分析之后，可以明显看到口碑营销所包含的强大力量。事实上，口碑营销是一种永远不褪色、永不过时的营销手段，也是一种不需要成本投入却卓有成效的营销方法，还是一种适合传统经济和新经济的营销模式。现在，广告的甜言蜜语对人们已经具有蛊惑力，相反，顾客更倾向于理性地对市场消费，因此，口碑营销变得日益重要且有价值。总而言之，主要包括以下三方面：

发觉潜在的客户群，并依赖于客户间信息传递

营造品牌忠诚度，提升产品价值

关于品牌，其有两层含义，一是产品品牌，二则是信誉品牌。前者是有形的，且真实存在的品牌，是品牌的基础；而后者虽然表面看起来无形，却是众口铄金的表现，也是社会广泛认同的结果。同时，一个品牌的信誉是具有很高"含金量"的，并且还可以转化成为价值。

避开对手锋芒，赢取还击空间

随着市场竞争的日益激烈，竞争者之间难免会有正面冲突。而口碑营销却能帮助企业很好地避开正面的较量。当企业非常仔细、到位且持久地完成每项基础工作，并使其产品和服务水平超出顾客预期时，便能迎来顾客的推荐和宣传。而这时，那些领先于竞争对手或别出心裁的服务和举动则更会让消费者生动形象地传播产品的良好评价，最终形成良好的口碑。

其实，口碑的力量在其传达了用户对于某个品牌品质核心价值的理解方面得到了显现，尤其是在"用户体验"方面。

当然，口碑的力量还表现在它的联想力。每当提到 Sun 公司，就会反映为"Java"、"网络就是计算机"；而一旦提到 Dell，则会联想到"直销模式"等。企业的这些核心价值观已经深深刻入消费者的脑海中，并成为一种口碑广为流传。

伴随着时代的进步，互联网更是为人们口口相传提供了一种新途径，同时，还大大加快了信息传播的速度。每个人都可以通过网络无限制地分享自己的经验。在原来只能将信息传递给周围的人的基础上，互联网使得这种传播范围扩展到认识和不认识的人。每个人都可以阅读他人发表在 BBS 上的帖子，并且不断地将帖子里传递的信息无限转载并复制给他人。这样一来，信息越传越远，越传越广。所以，可以说当今的口碑能扩大传统口口相传的速度和效果范围的无数倍。

❖ 口碑是高效的传播方式

古往今来，口碑传播一直是一种最为重要的传播途径，而对于"口碑"，我国文化中也有着十分生动而精彩的描述，例如"一传十，十传百"、"好事不出门，恶事行千里"等。在信息化的时代，通过电话、网络聊天等形式，人们能够更加快速地传播口碑，而一切已然不能阻挡信息的流动了。

作为一种相当有效的沟通方式，口碑和传统的沟通方式有着一定的差别，而这其中所存在的差别正是口碑能够在人们的选择过程产生巨大影响力的原因：灵活、直接，且是经验的，需要面对面进行的。

在人际交往的过程中发生的口碑，是一种面对面的交流方式。口碑以文字、情绪、语调或者是身体语言等形式进行传播。另外，其传播途径也是一种互动过程，在其传播的同时还会存在来自外界的回应和质疑。并且，口碑还有一个重要因素，那就是信息来源的可信度。一旦其来源具有很高的可信度，例如来自于亲友、同事或知名专家等，那么其可信任程度将会比传统广告、宣传或推销要高得多。

在对消费者消费行为进行反复研究后，不难发现，不管对哪种类型的购买者来说，口碑营销都属于促成其产生购买欲的"最直接的一个动因"，因为这是购买行为发生之前最近发生的一件事情。也就是说，它促成了购买行为的决心。当一件事在购买之前刚刚发生，那么这件事往往是在完全没有压力的情况下发生的，例如与同事或朋友进行过谈话，并且在其过程中曾生动地对其购买的产品进行过描述。

据多数营销人员陈述，顾客如果要买大件产品，都习惯于听从被自己所信任的同事、朋友或专家的意见，并最终据此作出决定。同时，口碑营销是一种不需要营销人员亲自操作的自发性营销方式。而且不同于其他媒介的是，这种营销方式节省了成本。

作为最后的广告，"口碑广告"存在于消费者生活中的"亲戚圈"、"朋友圈"和"同事圈"，这三个圈子既是"口碑效应"的资源库，也是口碑信息传播的受体。从表面上看来，口碑传播速度貌似不快，然而，如果方法得当就会十分迅速。

并且，"口碑效应"还是保障销售量稳定的途径，因为口碑客户的忠诚度往往远远高于从广告获得信息的客户，而且这些人还会为企业带来源源不断的新客户。

在直销中，常常会有人提及口碑，甚至有人认为："之所以直销具有巨大的蛊惑力，其中的一个原因就是使用了口碑传播。"

又如，依靠口碑传播，很多好电影、好书才得以流行起来，并最终大获成功。我们每个人或许都曾经向别人推荐过好电影或好书，有的时候，这种口碑推荐的力量甚至会超出你的预想。甚至可能会产生这样的结果，朋友之间推荐，然后再经过朋友再推荐，这样一轮一轮地通过口碑传下去……据统计，超过一半的电影传播就是通过口碑来完成的。

通过口碑传播，英国女作家 J.K.罗琳的《哈利·波特》系列丛书销量不断攀高，直到 2000 年 7 月第四部《哈利·波特》上市时，首印量就达到了 380 万册，并于两天内全部卖完。第五部还未出版就已经是万众瞩目了，到 2003 年 6 月 21 日全球首发时，仅美国的首日销量就已达到了 75 万册，全球销售更是多达 500 万册。这位曾经生活艰苦的英国单亲母亲——J.K.罗琳，如今已经很富有了。一次，她在回答美国记者采访时曾说过，正是口碑相传才能使她名噪一时，而同时，名声也改变了她的生活。

互联网的产生带来的影响在人类信息交流的历史上甚至超过印刷术的发明，成为最重要的一个事件。通过网络买家和潜在买家之间迅速传递信息，相互谈论经验、议论纷纷、奔走相告，甚至相互辩论，最终使得消息变成人们茶余饭后的谈资。据行家判断，互联网推动了产品销量的迅速提高，同时促成了一个个销售奇迹。

在各行各业中，口碑正创造着各种效率与成功。据旅游协会的调查报告，有43%的人将朋友和家人作为获取信息的来源。一旦遇到涉及去哪里玩、乘坐什么飞机、住什么旅馆、租什么汽车等问题的决定，他们将会把亲友提供的信息作为主要参考依据。

有调查指出，七成的美国人在选择新医生的时候会参考别人的意见。据《自我（Self）》杂志一项调查显示，有超过六成的女性受访者表示，曾部分受到来自亲友、同事的影响而购买处方药品。

那么，为什么口碑拥有如此大的威力呢？且看以下的原因：

消费者对间接经验的需要

关于经验，可以被分为直接经验和间接经验。虽然，可能你会认为直接经验，就是直接试用该产品更好。然而，这样做的成本很高，而且还将可能面临失败。另外，你可能不会有那么多的时间和金钱去试用新产品。那么，就出现了另一种方法，那就是间接经验，即是从别人那里获得经验。在很多方面，间接经验表现出了很多优越性：节省时间和金钱成本，来源多样化，以及选择样本的范围也扩大了。而实验一旦失败，自己也不会受到影响。一个人如果打算购买某种产品时，就会希望获得实际的经验，但又不想冒险去体验。因此，这些人往往会选择从别人那里获取经验。

口碑较高的可信度

众所周知，公司花钱购买或租用媒体刊登广告做宣传，自然会有王婆卖瓜之嫌；而对于销售人员，企业之所以雇佣他们并给付佣金，是因为他们秉持着"不管黑猫白猫，卖出去就是好猫"的原则，这样就很难避免言过其实之嫌。然而，只有口碑才会产生于既不被企业雇佣又不自卖自夸的客观存在的第三方，并将宣传信息传递出去。所以，我们可以看出，口碑传播的可信度高于任何媒体广告和销售人员。

正是口碑的可靠性赋予的威力。选择者从第三方口中更容易得到比带目的性的广告更为完整、客观的信息。在选择者看来，他们能够从可靠的信息来源那里获得真实的情况。消费者都心知肚明一点，来自朋友的真心推荐远远胜过 10 个广告和 20 次生硬的推销所带来的影响。

口碑像原子裂变一样传播

我们可以把口碑看作一个增殖反应堆，它可以自我繁殖，自给自足，不需要消耗能量。10 个人的 10 种经历综合起来就会成为 100 种直接的经历。而如果他们都把自己的经历告诉 10 个人，那么就会成为 1000 种间接的经历，与直接经历具有同样的威力。再都告诉 10 个人，就会产生 10000 种经历，如此以往，其传播会不断延续下去。

可能只会有两三位读者阅读一份杂志上的广告，因此，只有大量发行杂志才能让这份广告得到广泛传播，破除在一个直接读者的范围内进行传播的限制。理论上，口碑可以无限传播信息，因此，你可以把信息只告诉源头的、影响力很大的人，并最终通过这个人传播给无数的人。

❖ 口碑营销的重要意义

虽然口碑具有很大的影响，但在过去，口碑营销却很少被人提及。之所以这样，是因为许多企业或相关单位所做的口碑营销行为，几乎是自发的、潜在的行为，无法提高到理论的高度并实现完整性。

那么，为什么要将口碑传播提升到"口碑营销"这一新高度呢？

因为在网络经济时代，口碑的地位已经发生了根本性的变化。

在 2001 年某调查公司对中国 10 座城市 4900 多名居民的调查中提到，口碑传播被六成以上的被调查者视为最可信任的信息来源，并且随着收入、学历的提高，消费者就更重视相互之间商品品牌信息的交流。

这一变化除了在调查研究表现出来，从理论上也可以找到口碑营销重要性的依据。

由拉扎斯菲尔德提出的"两极传播理论"后发展为"多极传播理论"告诉我们：在网络经济的影响下，受众彼此间的影响往往大于传统传媒对受众的影响。这项理论也得到了中国人民大学舆论研究所的一项调查的证明，现代人们对传统媒体的态度发生了翻天覆地的改变：已然开始严重质疑媒体的权威性。

通过这些理论和研究，可以明确口碑传播正在迈向一个新的高度，并在新营销时代担当主演。

那么，口碑营销到底是什么呢？

作为一种新型的市场营销策略，口碑营销又与传统价格策略、促销策略和渠道策略有着一些相似之处，它们都是针对市场的具体情况而采取的创新策略。虽然口碑传播的历史很久远，但是在信息时代的到来使营销环境和消费者心理等产生了变化后，才开始挑战传统营销策略的影响，并随着社会的发展不断调节自身的发展。

关于口碑的管理学，伊曼纽尔·罗森曾经给出过一个定义："口碑是关于品牌的所有评述，是关于某个特定产品、服务或公司的所有的人们口头交流的总和。"因此，早期的口碑往往更侧重于人与人之间的直接口头交流。

直到 21 世纪，这一定义得到了改良，世界营销之父菲利普·科特勒说过：口碑是由生产者以外的个人通过明示或暗示的方法，不经过第三方处理、加工，传递关于某一特定或某一种类的产品、品牌、厂商、销售者，以及能够使人联想到上述对象的任何组织或个人信息，从而导致受众获得信息、改变态度，甚至影响购买行为的一种双向互动的传播行为。

因此，我们可以得出这样的一个定义：口碑营销是企业或相关单位在买方市场下，通过对自身产品或服务某一方面或某几方面进行口碑设计，使得像消费者、经销商等非生产人员在消费或与这些产品接触过程中所获得的实际利益超过预期的利益，并通过他们向别人传递这些产品、服务信息从而促进销量增加的一种营销活动方式。

众所周知，口碑早就存在于信息传播的最早期，但在之后的很长一段时间内，相比其他信息传播手段而言，地位却没有那么重要。

因此，会有人疑惑口碑营销是否真的能够在网络经济背景下前途无量吗？

在 2005 年的时候，美国市场研究公司 eMarketer 与口碑营销协会（Word of Mouth Marketing Association，WOMMA）曾作题为"口碑营销"（Word of Mouth Marketing）的报告。在报告中，提到了网络营销中口碑营销的巨大影响力。eMarketer 通过预计得知约有半数以上的网络营销人员将采用各种形式的口碑营销和极速营销方式，并且这一比例将不断提升。

在麦肯锡市场咨询公司（McKinsey）的研究数据中，我们不难发现，美国大约 2/3 的商业活动中，会有涉及对产品、品牌或服务的意见交流项目，商业活动在人们的这种传播行为下使得其正面或负面影响力得以扩大。

英国 Mediaedge 调查发现：消费者在被问及哪些因素在其购买产品时使其放心，超过 3/4 的人答案是"有朋友推荐"。

综上所述，大量调查报告均显示，在人们想了解某种产品或服务时，更倾向于听取亲友和其他个人专家的意见，而不是通过传统媒体渠道来获取信息。事实上，据调查，高达九成的人都将口碑传播视为获得产品意见的最佳途径，非但如此，在他们看来，口碑营销的重要性数倍高出广告或编辑性宣传内容。

❖ 口碑营销的三大特点

第一个特点：可信度非常高

之所以这么认为，是因为在一般情况下，口碑传播都发生在亲友、同事、同学等关系较为亲密的群体之间。在口碑传播开始之前，传播者与受众之间已经建立了一种特殊的关系和信赖，相对于纯粹的广告、促销、公关或商家推荐等来说，其可信度要高得多。

这正是口碑传播的核心特征，也是人们举办口碑宣传活动的一个最佳理由。更何况，因为口碑传播的主体是无利益关联的第三人，是中立的，因此也更加值得信赖，更具可信度。

第二个特点：成本低廉

毫无疑问，口碑营销是当今世界上成本最廉价的信息传播途径，除了需要企业智力上的支持外，不需要其他广告宣传费用。因此，与其斥巨资投入广告、促销、公关活动中，以此来宣传产品、服务，产生"眼球经济"效应，不如通过口碑这种低成本且简单高效的方式来实现这一目的。

第三个特点：团体性特征

古话说，物以类聚，人以群分。消费群体不同，其谈论的话题与关注的焦点基本也会不同，因此各消费群体构成了自己的一个个小阵营，甚至成为某类目标市场。在这个群体之中，有相近的消费取向，相似的品牌偏好。因此，只要其中一个或者几个受到影响，信息便会以几何倍数的速度相互传播，尤其是在这个沟通手段与途径无限多样化的时代。

另外，口碑传播不但是一种营销层面的行为，更是小团体内在社交需要的表现。口碑传播行为通常都发生在不经意间，例如朋友聚会时的闲聊、共进晚餐时的讨论等，出于社交的需要而相互传递信息。

因此，可以认为口碑营销不仅是一种经济学中的营销手段，还是一种有着深层次的社会心理学作为基础的传播方式。因为其建立在人们各种社会需求心理的基础上，所以会比一般的营销手段更自然，也更加容易被人所接受。

大约两百年前，美国人富尔顿和斯蒂芬发明了轮船、火车，不仅扩大了人们的事业，还进一步密切了世界的联系。

一百多年前，德国工程师西门子发明发电机。随后，电话、电车、电报等相继问世，再一次拉近了人们的距离，人类走进了电气化时代。

20 世纪 90 年代以来，伴随着计算机技术的普及和发展，并且，以互联网为标志的信息高速公路建成，人类走进了信息时代。

结果证明，相比于前两次技术革命，信息时代对人类社会所带来的影响远远超过前者。它大大缩短了人类社会交流的空间距离，使得人与人之间的沟通速度变得更加快捷。

每一次技术革命对于企业都将成为其改变经营方式的契机。以营销为例，企业家如果在 200 多年前，想要把产品卖给更多人，必须要经过很长的跋涉；而 100 多年前的企业家在电气化技术的支持下，仅需一个电话就可以向世界各地发布自己的产品信息。

时至今日，情况又是如何呢？以互联网为代表的信息技术又为营销技术带来了哪些改变？

简而言之，信息时代使得营销主要产生了如下几个方面的变化：

首先，虚拟化营销方式

信息技术的发展促使市场营销的环境从单纯的物理空间扩展到了虚拟空间，而虚拟化营销正是信息与互联网技术结合的产物。在信息社会发展的催化与影响下，以互联网技术为基础的高新技术与市场营销资源融合在一起，生成了虚拟化市场营销模式。其特点是：消费者身份虚拟化，消费行为网络化；通过互联网完成广告、调查、分销和购物结算。

并且，工业时代的营销要素也随之发生了变化。产品、价格、分销渠道、沟通等都是面对一个全球性、统一、抽象的市场，而不再面对单一的人或具体的市场。

1.产品组合

伴随信息时代消费者对产品的了解进一步深化，最终导致对于消费者，产品的功能已不再是产品最核心的要素，还包括了许多延伸性的价值。例如，在工业时代，汽车的价值更多体现在功能上，而今天概念型汽车的流行正说明了产品所蕴含的文化逐渐受到消费者的重视。

2.渠道

商业过程的高度自动化和网络化在信息时代成为一种趋势，它使得市场营销中的分销实现了真正的数字化营销，大大缩短了产销之间的距离，节省了商品的流通环节。对于消费者而言，只需要通过互联网在电脑屏幕前直接操作鼠标就可完成购买支付。

3.促销组合

在信息时代，企业与消费者之间的沟通是双向的，因此如果仅仅依靠过去的广告、公关、销售等由企业掌握主动权的促销组合，已经变得越来越难以影响消费者的购买行为。这时，也就需要以互联网等信息技术为基础的双向沟通手段来弥补旧的营销方式本身的缺陷。

4.定价

在信息技术的推动下，企业的运营成本和产品成本得以大幅度地降低，并使得那些广泛采取信息技术的企业在产品定价上拥有独特的优势。例如，戴尔公司利用网络直接销售的方式使得其实现了零库存，而沃尔玛利用通信技术控制物流使其"天天低价"成为可能。

其次，国际化营销成就跨越式发展

过去，企业如果渴望打入国际市场，就需要面临很复杂的考察，而且一般情况下需要借助官方的出口辅助渠道才能进入。这种方式很大程度上限制了企业的国际化发展。

然而，直到信息时代，网络为企业的国际化提供了一条更便捷的道路。通过互联网，企业不仅可以很轻易地获得各个国家的市场信息，而且还可以通过网络及相关服务接触到国外的新客户、进行老顾客维护、从国外的供应商处获取资源并加强自身全球性品牌的知名度。

著名的联邦快递公司是全球快运行业中的翘楚，在短短的 25 年时间里，克服重重困难并迅速发展壮大，成为世界 500 强之一，其原因何在？

关于这个问题，是因为联邦快递首先在行业中引入了智能化系统。这个智能化系统在其全球运送服务方面为联邦快递公司带来了巨大的成功。通过这个系统，顾客可以在联邦快递同步追踪货物状况，还可以下载实用软件。另外，这个智能系统还可以帮助顾客整合从订货到收款、开发票、库存管理直到交货等线上交易的所有环节。

如果是在工业时代，很难想象一个企业可以在短短 25 年时间里将其业务扩展到全球，并成为一个全球品牌。然而，在信息时代，这已然成为了一种可能，因为通过网络，我们可以实现任何角落的国际交易活动。

最后，新兴个性化营销

信息技术在不断发展，个性化服务的地位也更加凸显出来，而未来市场发展的趋势必然是进一步的细化和个性化。

其中，个性化营销指的是企业以产品最终满足单个消费者需求为目的，并且这种个性化需求的满足并非消费量的满足，而是针对质的差异而进行的。

同时，企业的个性化营销要求企业具备以下两种营销能力，一个是整合互联网、信息和企业资源的能力；另一个则是信息优于机器、生产规模和成本的意识。

从以上的分析中，我们可以知道：

产品组合的核心要素变化促使企业必须密切关注消费者的需求信息，进而确定消费者的个性化需求；

要想在定价上取得优势，企业就需要在细节市场信息多下工夫；

国际化方式使得企业能够更便捷地收集国外市场信息和消费者信息；

个性化带来的市场进一步细分要求企业必须更加关注消费者个性化需求方面的信息。

话已至此，可以看出，网络经济时代，各种营销发生了新的变化。而这种新变化的共同点就在于，传统营销手段对消费者的影响正逐渐变小，并且，伴随着信息渠道的多元化和可选择空间的增多，无论是媒体、网络还是报纸、杂志，在信息传递上都有可信度减弱、信息传递收效不足的现象出现。而同时，对于潜在消费者而言，大众传媒的影响力和信心指数正在大幅下降；比以往更便利的信息传播，对企业而言，消费者、竞争者和其他的市场信息的地位逐渐升高。另外，企业也可以很轻易就能获得消费者以及竞争对手的信息。

这样的时代背景使得口碑营销这一历史悠久的传播手段凭借独特的优势，重新成为了企业的关注焦点，再加上网络的推波助澜，又重新焕发出了生机。

❖ 以诚信铸口碑，推动口碑营销

正所谓人无信则不立，每个人都需要诚信来帮助自己得到别人的信赖，讲究诚信的人更容易交到朋友。同理，企业只有拥有了良好的信誉才能得到顾客的认可，也才能拓宽自己的客户群。在当今时代背景下，信誉的积累远远难于财富的堆积，而对企业而言，信誉却往往能转化成为巨大的财富。

以某食品生产企业为例，2001 年该企业用陈馅做月饼被媒体曝光，不但有损自己多年来积累的信誉和口碑，也破坏了行业规则，损害了消费者的合法权益，最终还为其他月饼生产厂家带来了消极的影响。就这起"某食品生产企业月饼事件"，使得 2001 年的月饼市场不像往年活跃。据估计，相比 2000 年全国同期销售量，当年销量锐减 4 成左右，带来高达 160 亿~200 亿元的经济损失。

作茧自缚的该企业

作为一家拥有多年历史和文化积淀的老品牌，该企业伴随着很多人度过了很多美好的时光，也伴随着很多人成长起来。因此，它在老顾客中有着较高的知名度，并且保持良好的口碑。每年该企业的营业额都有增长，年年赢利，累积为国家贡献 1560 万元税金，并由一家小型企业逐渐发展成为位列某市政府核定的 240 家大中型企业之中。在激烈的月饼市场竞争中，该企业俨然成为了某市月饼品牌的王者。

但，这场突然降临的诚信危机让这家企业长期积攒的良好口碑毁于一旦。在

2001 年的中秋节前，某电视台对某食品生产企业用翻炒后的陈馅制成月饼出售一事进行了播报。一时间，这个报道引来了全国各界的齐声痛斥，以及一片哗然。顿时，该企业月饼变得无人问津，很快就从各大商家柜台上撤下。而当时正值月饼销售旺季，显然其销售额已然跌入了低谷。甚至出现了许多商家向消费者承诺无条件回收已经售出的该企业月饼的现象。

然而，即使作出了这样的承诺还是无法力挽狂澜，扭转消费者对其的不信任，再也无法挽回过去良好的信誉。就这样，因为一场严重的诚信危机，一家本来拥有很多顾客信任的企业，就此失去了本来的良好信誉。

在这场诚信危机面前，该企业采取了不合理的对策从而使得这场危机变得更加严峻。在某电视台的相关报道之后，该食品生产企业在媒体上作出声明，强调以下三点：一、某电视台的报道完全失实；二、记者在事发一年之后才作报道，让人不得不怀疑其居心，其目的在于破坏该企业的信誉；三，报道所说事情并非事实。针对报道所称的产品质量问题，某食品生产企业并没有表态自己的诚信和歉意，反而将这种做法是行业内"非常普遍"的行为来作为借口，不仅让消费者更加心寒，并且还导致自身信誉毁于一旦，这种逃避责任的行为只会让自己的良好口碑消失殆尽。

不久后，某省和某市卫生防疫、技术监督部门联合组成调查组进驻该企业厂房进行调查，并全部查封了该厂的成品库、馅料库，责令某食品生产企业食品厂停产整顿。就这样，以经营月饼为主的某食品生产企业多年经营得来的良好信誉就此完全毁灭，从此，其被逐出了月饼市场。2002 年春节刚结束，某食品生产企业有限公司向某市中级人民法院申请破产，其理由是"经营不善、管理混乱、资不抵债"。

总而言之，对于一个企业而言，信用十分重要。如果企业能真正融合诚信到经营过程中，相信就一定能避免该企业的悲剧。但在利益的驱使下，很多企业只会不择手段地挑战消费者的底线，这样做只会一时得利，但并非长久之计。

诚信经营

在哈佛大师迈克尔·波特的《竞争战略》一书中，曾对口碑有所描述：产业竞争是五种力量在相互作用的结果，其包括供应商和购买者的讨价还价能力、潜在竞争者进入的可能性、替代品的替代能力以及行业内竞争者现在的竞争能力。在这五种因素的作用下，通过产业或企业的赢利能力体现出来，而这也成为衡量企业战略是否成功，有多大赢利的重要标准。此外，企业的竞争力还要取决于其价值观念的建立，而竞争的动力源泉永远是诚信的理念。

如果一个企业在经营中长久保持诚信的理念，那么诚信将会成为其企业精神中的一个重要部分。顾客也会感到这份来自企业的诚信，并逐渐形成良好的印象，最终会得出该企业讲究诚信、不欺诈消费者的观点。也就在这种情况下，企业的口碑自然而然地就逐渐形成了。

然而，相反，一个无良的企业如果不顾消费者的权益，为了一时利益而实施欺诈行为，终有一天会被消费者识破，并将会把自己长久经营的诚信失去。紧随其后的是，消费者觉得该企业不值得信赖，从而不会选择该企业。

当一个企业树立了诚信经营的理念，其产品销量自然会一路上涨。因为，每一位顾客都希望购买诚信、让人放心且拥有良好口碑的企业的产品，毕竟没有人愿意用自己的生命、健康来冒险，去购买或体验一些没有口碑的产品或服务。当然，企业一旦树立了诚信经营理念，就会更容易得到消费者的青睐。

在美国《财富》杂志公布的一期全美 500 强企业排行榜中，沃尔玛以2198.12 亿美元的销售额位列首位，而其得胜的秘密在于其特有的八大要素：真实、稳健的财务状况；突出、表里如一的形象；诚信的服务；良好的团队合作；以客户为中心的诚信理念；公正对待员工；奖励机制和创新。

从上文所述的八大因素中不难看出，沃尔玛是一家重视诚信的企业，并能够做到表里如一，这已经决定了其最终的强大。关于沃尔玛的经营理念，坊间流传着很多故事，而这种诚信理念也并非一朝一夕就能形成的，除了企业领导人诚信意识的作用外，更需要企业在发展中对诚信理念的坚守。如果企业在发展中遇到问题就会以为躲避甚至杀鸡取卵，赢得短期利益，最终放弃这一最初信仰，其结果将会不堪设想。

消费者都不是笨蛋，他们逐渐变得更加聪明，而一个企业是否真诚对待消费者，是否对行业、社会有责任感都将被消费者所感知。而且，一旦企业的良好形象在消费者心目中形成统一的印象，将会成为一种口碑效应，逐渐传播开来。

1.消费者心目中的诚信口碑

消费者对于企业的态度和喜好，直接影响着企业。顾客就是上帝，当上帝信任并喜爱你的时候，你也才会成功；而当你被上帝抛弃的时候，你也就很难得到成功了。

企业对待消费者的态度应该是出于真诚，而非仅仅限于部分产品的应用层面，其应该将自己的社会责任心、公益活动、经营管理、财务状况等向消费者披露。没有哪个环节的动摇不会引发不可收拾的诚信危机，因为作为企业，其自身的所有方面都与消费者息息相关。

2.媒体口碑中的诚信

除了直接交易客户或者大众的评价外，媒体对企业的口碑作用也十分显著。媒体如果能从正面对企业进行宣传，那么该企业就能得到良好的口碑。同时，还能帮助企业将其口碑扩散开来。因为媒体本身的力量是强大的，且具有高度的公信力。

对于例如新闻发布会和行业论坛等和媒体接触的机会，企业都要谨慎对待，秉持着真诚的态度，并将企业的最新动态传达给媒体。当然，企业还要保证自己的话题能引起媒体的关注，让对方进行报道，进而利用媒体将企业的理念和产品传达出去。但千万不能低估媒体的智商，企业之于媒体，只有诚信才能经得起考研，也才能赢得公正言论。

3.最后社会口碑与诚信

作为社会基本单位的企业，除了赢利之外，还需要关注社会责任，也即是对社会的贡献率。通常，企业会举办一些公益活动，例如组织环保慈善活动等，然而，很多企业为了宣传逐渐让公益活动沾染上了作秀的嫌疑。

事实上，企业的社会责任本身就被放到公众的关注焦点之下，如果这时还想偷工减料，妄图作秀，那将无异于引火自焚。企业对于社会行为，更不可以缺乏诚信的理念。就像诈捐之类的事件，只会引起众怒，让企业的信誉毁于一旦。企业可以依靠诚信的社会行为形成良好的口碑，而这种口碑将会变得更快捷、更有公信力。这样一个对社会有责任感的企业不可能会没有诚信，也不可能没有口碑。

第二章

决胜体验式经济

　　商家与顾客之间并非零互动的，相反，顾客可以从一言一行中看到商家的诚意和关怀，而顾客对此的反馈正是其购物体验。当商家学会以顾客为中心，就不必去担心无法让顾客体会到其发自内心的真诚，更不用担心顾客不会再次光临。

❖ 体验经济中"体验"的重要性

在戴尔公司总部的每间办公室墙上，挂着这样一句话："顾客体验：把握它。"

那么，什么是顾客体验呢？所谓顾客体验指的是顾客和企业产品、人员和流程互动的总和，也即是让顾客置身于生产制造过程中，切身体会到消费的乐趣，进而形成"以自己希望的价格、时间、方式消费，得到自己想要的东西"的强烈消费欲望。

其实，体验式消费所带来的感受越是深刻难忘，就能形成生动形象的口碑，也就能有更强烈刺激的感染力。因此，才会有越来越多的产品选择体验式消费，在戴尔公司看来，"顾客体验是竞争的下一个战场"。

体验式消费为企业带来非常深远的影响，在美国，甚至有人提出体验式经济时代这一新概念。

在 1998 年七、八月美国《哈佛商业评论》的"体验式经济时代来临"（Welcome to the Experience Economy）专题中，战略地平线（Strategic Horizons LLP）顾问公司的创始人约瑟夫·派恩二世（B.Joseph Pine II）和詹姆斯·吉尔摩（James H.Gilmore）指出：体验式经济时代已经到来。同时，还演讲了按照货物（Commodities）、商品（Goods）、服务（Services）与体验（Experiences）划分的四个阶段将经济价值区分开来的内容。

对体验经济的定义是，企业以服务为中心，以商品为素材，为消费者创造出印象深刻的享受，从生活与意境出发，达到感官体验及思维认同的结合，并以此得到消费者的认同，进而改变消费行为，为产品赢得新的生存价值与空间。

随着体验式经济时代的到来，体验式营销也随之兴起。正如伯德·施密特博士（Betnd H.Schmitt）在《体验式营销》（Experiential Marketing）一书中所提到的，体验式营销（Experiential Marketing）是一种思考方式，其站在消费者的感官（Sense）、情感（Feel）、思想（Think）、行为（Act）、关联（Relate）五个角度所作的重新定义和营销设计。

该种思考方式突破传统意义上的"理性消费者"的假设，消费者在消费时兼具理性与感性。而对消费者行为与企业品牌经营研究的关键在于消费者在消费前后的体验。

那么，体验的含义都有哪些呢？

体验是指顾客对某些刺激（Stimulus）的响应——如，企业在其营销活动中为消费者提供的购买前、后的一些刺激的个别事件（Private Events）。通常情况下，体验是在对事件的直接观察或参与过程中形成的，无论事件是否真实。体验将既包括顾客的感官、情感、情绪等感性因素，还包括知识、智力、思考等理性因素，并将会在语言，例如喜欢、讨厌、憎恨等描述体验的动词，和可爱的、诱人的、刺激的等形容词中反映出来。据心理语言学家研究可知，与上述体验相关的词汇相类似的词汇在人类的各种语言，如汉语、英语、日语等都有存在。

通常，体验是诱发的，而不是自发形成的。当然诱发并不意味着被动，只是说明营销人员必须通过体验媒介来获得。并且，体验是非常复杂、独一无二的，只能通过一些标准来区分体验的不同形式。企业的营销人员只有充分考虑企业的营销战略，从而为顾客提供优良的体验形式以及永久的新奇体验，这样才能真正达到把握顾客体验，并最终实现口碑营销的目的。

下面再来一起分析通过体验打动消费者的途径。

体验是复杂且多种多样的，但可以根据一定标准作出区分，且有自己固有的独特结构和程序。而这些能达到有效的营销目的的体验形式都是经由特定的体验媒介所创造出来的。下文将介绍五种不同的体验形式：

感官

感官营销的目的在于创造知觉体验的感觉，再通过视觉、听觉、触觉、味觉与嗅觉表现出来，可分为公司与产品（识别）、引发顾客购买动机与增加产品的附加价值等营销体验。例如希尔顿连锁饭店，其做法就是在浴室内放置一只造型极可爱的小鸭子，如果顾客喜欢的话，可以将这只不在市面销售的赠品带回家给家人作纪念。这样一来，顾客也就会更喜欢希尔顿饭店（显然，这是建立在希尔顿饭店其他设施、服务等方面也是一流的基础上），很好的口碑也就被营造出来了，这正是"体验式口碑营销"在视觉、触觉上的应用。同时，在超级市场食品区内，经常能闻到现场烘焙面包的香味，这就是嗅觉感官营销方式。

情感

情感营销的目的在于引起顾客内在感情与情绪的回应，创造情感体验。其包括温和、柔情的正面心情，也包含欢乐、自豪甚至是情绪激动的热烈情绪。

情感营销的运作需要真正了解刺激所在并引起某种情绪，使消费者受到感染，融入其中。虽国内企业的体验式营销缺乏成型的做法，但以情感为诉求的营销还是有一些比较成功的案例，例如"孔府家酒让人想家"引发在外游子思乡之情。顾客在浓厚的亲情熏陶下消费，也感受到了"想家"的亲情体验。还有"水晶之恋"果冻广告所带来的"美好爱情"的体验也是一个成功案例。

思想

思想营销的目的在于以创意的方式引发消费者的好奇心、兴趣以及对问题集中或分散的思考，将认知和解决问题的体验带给顾客。尤其是在高科技行业中，企业普遍采用思考活动的方案。而在其他很多产业中，思想营销早已在产品的设计、促销和双方沟通中得到运用。

1998 年，美国 Apple 计算机公司仅用了六个星期时间就销售出二十七万八千台 iMac 笔记本电脑，甚至会被《商业周刊》评为 1998 年最佳产品。事实上，之所以会这样，其原因在于创新，紧随着一个引人沉思的思考营销的促销活动方案 iMac 实现了创新。在该方案中，与众不同的思考：是其标语，并结合了包括爱因斯坦、甘地、约翰·蓝侬和小野洋子等各领域的"创意天才"的黑白照片，将广告发布到各种大型的广告路牌、墙体广告和公交车的车身等地。而当消费者被这个广告刺激得去思考苹果电脑的独特性时，也会同时思考自身的与众不同，并相信自己能够通过苹果电脑的使用而成为创意天才。乔布斯曾说过："与众不同的思考代表着苹果品牌的精神，因为充满热情创意的人们可以让这个世界变得更美好。苹果决定为处处可见的创意人，制造世界上最好的工具。"

行为

行为营销的目标在于影响身体的有形体验、生活型态与互动，通过增加消费者身体体验，并将做事的替代方法、生活型态和互动指出来，使顾客的生活变得丰富起来。其中，顾客生活型态的改变是激发或自发的，且也有可能由像影、视、歌星或是著名的运动员等偶像角色引起。每年耐克在美国的销售都超过一亿六千万双鞋，几乎每销售两双鞋就有一双是耐克的。究其原因所在，正是因为其出色的广告 Just Do It。经常在有运动的描述中出现的著名篮球运动员迈克·乔丹，华丽便成为身体运动的体验，这也正是耐克行动营销的成功之处。

关联

关联营销涵盖了感官、情感、思考、行动等营销等方面，其特点在于超越私人情感、人格、个性并通过"个人体验"，与个人对自我、他人，或是文化产生关联。关联活动的诉求是为了达到与未来的"理想自己"有关联的自我改进的个人渴望，并使得亲戚、朋友、同事、恋人或是配偶和家庭等对自己产生好感，并在和一个较广泛的，如亚文化、群体等社会系统产生关联，进而建立起个人对某种品牌的偏好，并聚集成为一个群体。

在许多不同的产业中，关联营销已经得到广泛运用，跨越化妆品、日用品直到私人交通工具等。例如附在某款瑞士名表上的一张小小的附卡，上面写道：400年后可以回到店里调整润年。换句话说就是，该瑞士名表的寿命长、品质精，甚至可以拿它当作"传家之宝"。如果是一般电子表，虽有过400年自动调整润年的功能，但没有人会认为电子表可以保存到那么久。因此，该表店用这个"关联"寓意来传达其所出售商品的价值。

但是在这个过程中，也需要注意以下的一些问题：

明白顾客的体验

体验是一个人遭遇、经历所产生的结果。因此，企业应重视与顾客之间的沟通，从而发掘出对方内心的愿望，以同理心进行思考，重新审视自己的产品和服务。

将体验作为导向对产品进行设计、制作和销售

以咖啡为例，当作"货物"进行销售时，一磅售价是300元；而当被包装为"商品"时，一杯售价将会是一二十块钱；再当加入"服务"，在咖啡店出售时，一杯售价最低也是几十块至一百块；但当把咖啡变成一种香醇与美好的"体验"时，一杯甚至可以卖到上百块甚至是好几百块钱。一旦增加产品的"体验"含量，非但能为企业带来可观的经济效益，更能增加消费者与他人分享自己的体验的意愿。

将消费情景纳入考虑范畴

营销人员必须要通过各种类似于娱乐、店面、人员等手段和途径来创造一种综合的效应以增加消费体验，而不是仅仅去考虑一个产品的质量、包装、功能等。除此之外，还要跟上社会消费文化的发展速度，思考消费中所蕴含的价值观念、消费文化和生活的意义。将消费情景纳入营销思考的过程中，通过综合考量各种因素来扩大其外延，并在更广泛的社会文化背景中使其内涵得以提升。

理性与感性兼具的顾客

一般情况下，顾客在消费的过程中通常会进行理性选择，同时也包含对梦想、感情、欢乐的追求。企业不仅要从顾客理性的角度出发去开展营销活动，还需要将消费者感性因素纳入考虑范畴。

主题是必须的

体验必须要预先设定一个"主题"，换句话说，也就是：体验式营销是从一个主题出发，并使所有服务以该主题为中心运作，或者其至少应像一些主题博物馆、主题公园、游乐区，或以主题设计为导向的一场活动等一样，设有一个"主题道具"。另外，还要使这些"体验"和"主题"不能随意出现，而是体验式营销人员所精心设计出来的。而对于"误打误撞"所形成的营销行为则不应被认为是一种体验式营销行为，体验式营销并不仅仅要求形式上的符合，还要有严格的计划、实施和控制等一系列管理过程包含其中。

方法和工具来源多样化

各种各样的体验意味着体验方法、工具的多样性，并区别于传统的营销方式。另外，企业必须要善于寻找和开发符合自己独特性的营销方法和工具，同时，还必须要不断使其得到进化。

口碑营销中有一种极为成功的范例，那就是以体验营造口碑。顾客通过与企业产品、人员和流程之间的互动，不但能更熟悉企业的产品和服务，更放心质量，还会发自内心地和企业更加亲近。而一旦这种心理上的亲近感形成，消费者会主动地去宣传这种产品和服务，而企业的编外营销人员也就这样形成了。

❖ 口碑与体验经济

1999 年，美国战略地平线 LLP 公司创始人约瑟夫·派恩二世和詹姆斯·吉尔摩出版合著《体验经济》，该书一问世就提出了体验经济的概念，并吸引来了大众的关注。作为继产品经济和服务经济之后的一种新的经济模式，体验经济通过提供体验来创造经济附加值。其中，我们将"体验"定义为"使每个人个性化参与其中的事件"。曾有学者指出，随着收入增加、新技术发展、闲暇时间增多以及市场竞争，体验经济逐渐形成。

体验经济区别于其他经济模式的最大不同就是，企业所提供的商品价值中产品和服务本身仅占很小比例，"体验"才是绝大部分的价值的来源。就像是在星巴克，一杯咖啡就要 4.5 美元，而普通咖啡店只要 1 美元，虽然与星巴克提供的咖啡味道近似，服务也差不多，正是"体验"增加了其中的价值。在星巴克里享用咖啡，所享用的不仅是 100 毫升咖啡饮料，更是一种"小资"的情调，一种流行品位的满足。在饮用咖啡的同时，你会发现周围的人都是中上层人士，这会使你的社会阶层归属感得到大大增强。这就是所谓的"体验"。

"体验"的取得途径只有两种：一个是直接获得体验，另一个是间接获得体验。前者指的是直接购买并使用某产品或服务，通过该种方法的体验是最可靠的，但也是最昂贵、费时的，而且很容易就会失败。仅有少数人可能获得对于新产品的完整体验，而其他人只能基于其中的一小部分样本来构建自己的体验效果。对于间接体验的定义，就是通过倾听他人的体验来间接感受自身的体验。显然，这是一种非常有效率的方法，在由别人来埋单并承担风险的前提下，自己还可以轻易地获得大量的样本信息。因此，口碑可以帮助人们通过间接体验就能快速、轻易地交流体验内容。在 21 世纪体验经济繁荣的推动下，由体验经济带来的口碑营销正在向更加光明的前景迈进。

❖ 体验经济之用户"初体验"与口碑

用户的初体验通常是吸引用户再次光顾的重要因素，通常也是决定企业形象的重要因素。模仿PPG的凡客诚品于2007年10月18日正式上线，当天的销量就只有10件衬衫。直至今日，PPG早已不知所踪，而凡客却成为一家男女服装、服饰等各类产品日均销售额突破600万元的大型网络商城。陈年曾说过："什么都可以被模仿，只有品牌不能。在挤掉各种环节的成本后，我们始终坚持的就是低价位高品质的产品。"

凡客购物会对用户作出过这样的承诺：客户30天无理由退换货。客户只要不满意，都可以享受30天无理由退货服务；开箱试穿。用户在收到凡客的衣服时，可以当面拆开试穿，认为合适了才付款收货。而对于退货，凡客的快递员也会上门取件并当场退回现金。也就是在这样的服务中，凡客培养出了很多忠诚的用户，因为老用户的推荐，吸引到了更多的新用户。这就是用户体验对企业，尤其是电商的重要影响。

那么我们先来看看凡客是如何决胜用户体验的。

良好的初体验

顾客通常会被凡客的B2C电子商务网站所吸引，但凡客要想留住用户，培养回头客，依靠的还是其良好的初体验。那么，凡客是怎么做到这样的呢？

留住过客。凡客网站的设计醒目、简洁、时尚，能很快吸引住消费者的目光。同时，首页上的整体色调是灰、白色，风格简约、明快，但还包含着一种大气、时尚的感觉，这就会让访客留下这个网站很舒适的第一印象。再加上衣物质量看起来还不错，就更给人一种舒适的感觉。

促成交易。一般，我们会把 B2C 网站的顾客分为三类：一类是随便逛逛，不会选择购物；第二类是选了商品放入购物车，但没有付款；最后一类就是实质发生了购买行为。一个购物网站的购物体验系数是通过，从前两种到第三种的这种转化率来衡量的。针对这一点，凡客对导航栏进行了十分清晰的分类，每种商品也有明确简单的归类，让消费者一目了然。同时，还可以让消费者能很轻易看到凡客推出的优惠活动。另外，凡客对于产品的介绍页面，无论是细节拍摄的拍摄角度、色彩选择等都做足了功课，让前来购买的人仿佛置身于舒服、整洁、时尚的百货商场，方便消费者选择自己喜欢的物品。

完成电子支付。通常，烦琐复杂的支付过程会阻却消费者的购买欲望，因此，经常会看到很多网站因此而让客户流失掉。但凡客却不同，它设计了注册用户和非注册用户两种购买方式，同时，还提供货到付款、在线付款、刷卡现金等多种支付方式，方便客户迅速完成支付。

自己配送。一旦物流成为了 B2C 电子商务企业的短板，也就意味着物流服务质量成为了商家取胜的重要竞争力。为此，凡客建立了自己的全资子公司风达等，实行一天两次送货，保证顾客能尽快地收到货物。而且，凡客自己的物流公司还能为消费者提供其他 B2C 商家做不到的"当面拆包试穿""货到付款"服务，从而为自己设立一个行业门槛，阻止了很多竞争者进入市场预期竞争。甚至连衣物的包装、规整的盒子和布袋，凡客让顾客体会到了其贴心的服务。

正是因为凡客为顾客留下的这一连串好印象，使每位顾客拥有了良好的初体验，也为凡客诚品牢牢地抓住了每位顾客。也正因为如此，凡客才会使得每一个购买者成为回头客，让每一个回头客带来更多的回头客。

贴心的售后体验

除了良好的初体验外，凡客在售后方面有良好的表现，免除了消费者再次购买的顾虑。

退换货。不同于其他服装品牌，凡客向顾客承诺可以退换货。因为网购无法提供试穿服务，顾客担心尺码有问题、有色差等，也就很少选择网上购买衣服。但凡客推出的 30 天无理由退货政策大大消除了消费者的顾虑。并且，凡客还会对需要退换货的客户，24 小时上门办理退换货业务，现场返还现金或者返回账户。这样一来，大大方便了客户的购物。

VIP 服务。凡客有 VIP 制度，即是对于在一定时间内购买一定金额商品的顾客，网站会自动将其升级为 VIP 或 SVIP 用户，他们可以自动享受一定的购物折扣。虽然折扣很小，凡客可以通过这种方式鼓励消费者购物，为消费者带去被尊重的感觉。定期邮寄优惠券和产品画册也能让顾客有被尊重、被关爱的感觉，并引发其再次购买的行为。

人工客服。客服对于被退商品，还会具体咨询退换货原因，而对于客户给予的投诉和评价，也会回访并咨询具体原因和解决结果满意程度等。任何人在这样良好的反馈机制下，即使原本怒气冲冲也会变得没有脾气。

在销售和售后过程中，凡客表现出了对顾客的真实关心和尊重，也赢得了顾客的好感，为自己培养了众多的回头客，并树立了良好的口碑。

不过，如何恰当地抓住用户体验，这也关系到口碑营销的成与败，企业一定要注意以下的问题：

客户体验蕴藏在细节里

既然用户体验对企业意义重大，那么怎么做才能打造良好的用户体验，为企业赢得口碑呢？

其实，仅仅依靠广告、软文给用户留下的印象，根本不足以让消费者在与员工接触过程中产生任何感觉和认知，企业真正的形象体现在用户与公司所发生的真实体验中。但用户的体验往往通过细节获得，例如一次价格的调整、处理退换货、贴心的问候等。

口碑在网络的辅助下能够更快速地传播，其力量也逐渐增大，这样的现实要求企业不能将自己深深地隐藏起来。一次好的用户体验如果在网上得到广泛传播，也许会让一家企业一夜间家喻户晓，进而引起巨大的口碑效应。同样，一次差的体验在网络上被披露，也可能顷刻间让企业彻底失败。

或许，投资几百万元引进的管理系统，比不上销售人员一句贴心的问候更能打动客户。用户可以从一个渺小的细节中获得良好的体验，从而产生深刻的印象，并产生再次购买行为。

但并不是所有企业都意识到这一点。很多企业往往被利益所蒙蔽，忽视了细节的重要性，认为加大对广告宣传和公关营销的投入就可以获得良好的效果，因此不必拘泥于小节，也不会因为损失个别用户而受到影响。因此，这些企业在面对一些难缠的用户时，通常会采取放弃或者视而不见的态度。市场竞争中，还会有企业因为细节问题在竞争中败下阵来。丰田汽车就是其中的一个典型例子，险些因为踏板门问题让企业濒临破产危机。

因此，企业应该重视给予每个用户带去良好的细节体验，因为这样可以为企业塑造良好的形象做准备。

懂得进行换位思考

很多企业对于用户体验这个问题很是头疼，不知道怎样的服务才会让客户感到满意。即使自己推出了多种套餐、服务款项和价格档次，怎么还可能引起消费者的抱怨呢？虽然说众口难调，企业所推出的产品、服务并不可能满足所有用户的需求，但如果企业学会换位思考就可以最大限度地满足消费者的需要，消费者的满意度自然也会提高。但事实上，更多的企业只会思考哪些项目更赚钱，哪款产品更创效，很少会换位思考问题，根本就不可能引起消费者的喜爱。

影响客户购买的因素主要包括以下五个方面：

合适的商品以满足顾客的基本需要；

合适的定价以符合顾客的心理价位；

合适的时间和地点以方便顾客购买；

完善的服务以满足顾客的额外要求；

品牌、包装及其他文化象征以愉悦顾客。

通过上述几个因素，价格只是决定客户购买因素中的一个，还包括心理价位、企业文化、服务等因素。用户只有认可企业的各个方面服务，觉得多方面的体验都十分不错时，才可能会选择购买商品。因此，企业不能再继续闭门造车，一味追求利润最大化，而是应该设身处地站在消费者的角度重新进行思考。

企业可以通过以下三个步骤为客户带去完美的体验，并缔造良好的口碑：

1. 兢兢业业做产品

凡事没有捷径，只有换位思考，考虑到用户在使用和购买过程中可能会遇到的种种问题，并对此认真仔细地进行细节管理以及周到的细节服务，才能打造出完美的用户体验。

对于提供的产品或者服务企业来说，不能偷工减料、欺诈顾客，一定要保证产品、服务绝对优良的质量，只有这样才能得到用户100%的满意。相反，如果企业把所有心思都放在让自己的利益最大化，不顾消费者的需求，最终只会导致企业面临失败的威胁。因此，企业从第一步开始，就要为打造良好的客户体验做好准备，兢兢业业地经营好每一个细节，认真对待顾客的每一次反馈。以海底捞为例，正因为本着真诚为用户服务的原则，为用户提供最完美的体验，反过来，用户自然也会回馈最美好的评价。

2.灵活做管理

死气沉沉的规定只会拒客户于千里之外。每当顾客打电话投诉，总会听到客服背诵制度规定的声音。事实上，制度通常会束缚企业的发展，让企业变得呆板。因此，企业应该采取灵活化的管理方式，针对不同问题采用不同的解决办法，对客户的问题分轻重缓急进行处理。

并且，一味地按部就班只会引发消费者的不满，也会在消费者心目中留下企业死板的形象，用户体验也不可能很好。针对这个问题，企业应该灵活分类处理不同用户的需求，为用户带去更具针对性的服务和体验。

3.及时给客户回馈与关爱

特殊情况特殊处理。对于某些 VIP 客户或者有过投诉记录的特殊客户，企业需要经常致电了解情况，真诚地询问问题解决的情况和客户的满意程度。而一旦企业推出一些优惠活动的时候，也可以及时通知他们。并且，还应该重视解决客户所关心的问题，通过这种形式创造良好的消费体验，进而为自己营造一个良好的口碑做准备。

❖ 以顾客的体验为准则，打造口碑

企业如果还对顾客的意见不闻不问，一意孤行的话，那么就离危险不远了。产品质量差自然不会有良好的口碑，但是产品质量好却没有顾客表扬和赞美，也没有在顾客之中营造良好的口碑，那么你将不得不承认自己的失败。就拿某知名公司来作为例子。该知名公司是如何做到 30 年如一日，坚持听取顾客的建议的。

该知名公司自从成立以来，无论社会变化成怎样，它的宗旨始终是以顾客的需要为先。从建店开始，该知名公司就致力开发商业，使商品品种多样化、店铺规模化，将衣、食、住、行等顾客所需要的各方面商品尽数囊括其中，实现顾客一次购全所需物品的想法。并且，还基于汽车的普及情况，建有带有大型停车场的郊外分店。该知名公司凡事都为客户着想，将每件事做到更好，成为一个能够满足顾客需求的集团公司，并为此不断努力着。

客户情节的展开

基于公司通过商业活动为社会服务的宗旨，该知名公司一直在为市民努力提供生活便利。该知名公司的母公司为了能够更好地满足大众的需求，专门设有调研部门。其后，在该知名公司开设深圳合资公司之前，也对此事先进行了两个阶段的调查：在两年多前的第一阶段中，公司开始先期的市场和客户调研，并仔细调查过深圳本地的 GDP 水平、消费群体、消费习惯和当地政策；而在一年前的第二阶段，部门对营业场地——深圳中信广场进行了包括对几个固定时段行人数量、公交车和私家车流量、周边配套设施状况以及竞争对手情况等的实地考察。

通过这些调查，公司得出了一个很满意的结论。首先，作为中国最富裕的地区之一，深圳虽然已经有沃尔玛和家乐福，但其以定位在"天天平价"，瞄准的是普通消费群体。同时，还有服务于顶级消费者的以西武为代表的商场。这就使得庞大的中高档次消费群体没有定制性的百货市场。所以，可以预期公司的市场前景良好。

借由对消费者的调查，听取消费者对购物百货商场的建议，知名公司定位目标群体在中档阶层的消费者。同时，知名公司不断根据顾客需求调整自身产品和服务，并最终占领了中层消费者市场，打造出独具特色的百货商场，构建自己的客户群。由此可见，听取来自顾客的建议是十分重要的，因为这些意见都是顾客最真实的感受。而对于一家企业，如果能够按照客户的需求来定制自己的产品和服务，那么最终一定会获得成功。

除了进行上述调查外，每年，该知名公司还会举办一场带有公关和市场推广性质的场外调查。这一调查主要目的是了解该知名公司在当地的知名度、顾客消费能力和购物习惯等。而同时，还进行以顾客心声台和员工反馈卡为主要形式的内部调研。

从该知名公司多年的实践中可以发现，如果使用像强行向顾客派发意见卡等不友好的方式，就有可能会招来抵触情绪，顾客反馈的效果和质量也会受到影响。所以，商场在显著位置设下类似"顾客心声站"的地方，顾客可以自愿写下自己的意见，而这些意见将会直接被转达给总经理办公室。并且，由于第一线员工的特殊性，大多数顾客会直接向服务员表达自己的意见和看法，员工意见卡就成为获取第一手资料的主要途径。其后，总经理在这些反馈信息的基础上，决定是否与中高管理层进行讨论、作出决定。

目前，该知名公司每周会收到来自顾客和员工的数百条反馈意见，在参考这些反馈意见后，该公司增加了很多以前没有的商品。就拿鲜活鱼作例子，国外的知名公司是没有鲜活鱼供应的，但在中国，通过顾客的意见反馈得知，很多家庭对新鲜的活鱼有强烈的需求。于是，该知名公司立即针对这一反馈做了相应调整，而如今，鲜活鱼的销量一直保持较高水平。

长期以来，该知名公司不间断地听取顾客的意见，并据此来获知顾客的心理，从而理解顾客的真正爱好所在及真正需求所在。只有了解顾客所想，才能满足顾客真正的需求，也才能受到顾客的欢迎。如果不这样做，而是只从企业自身的角度思考，从而忽略顾客的真正需求，最终也将会导致顾客轻易地忽视企业的产品和服务。

倾听顾客的声音

在IBM，曾有一时间销售业绩突然下滑，其原因在于IBM的销售人员表现出极强的优越感，在进行销售或者为顾客服务的时候，总是自以为是，按照自己的想法对顾客指手画脚。这样做最终导致顾客大为光火，并因此使得IBM失去了很多订单。在销售人员的后援管理人员发现这种情况后，决定从后台走向一线，将销售人员在客户面前的行为客观真实地记录下来。他这样做大大缓解并改善了这种情况。由此可见，顾客的反馈对于一个企业的成长发展而言，起着非常重要的作用，但是很多管理者往往会忽略它。因此，需要在此强调。

1.想尽办法收集顾客反馈意见

在每次与每个顾客的接触和服务中，都可能获得顾客的反馈。就像银行柜台的服务评价，10086的客服评价以及卖场、服务场所的意见簿等，都是为了收集客户反馈信息而设的。然而，常常是客户反馈了信息，却被忽视，意见簿形同虚设，银行的服务评价尘封多年，甚至于干脆取消省得麻烦。

2.从顾客那里获得灵感

往往会有很多有意思的意见隐藏在反馈意见中，其中不乏一些能够帮助解决问题的好主意，甚至还会为企业决策带来灵感。通常情况下，会有一些企业不惜花费大量人力物力去做调查，获取用户的意见。在企业看来，顾客作为最终的用户更了解产品，更清楚产品的优缺点，因此其意见更具有实际意义。在许多人的心目中，会认为顾客并不能明白如何才能使产品和服务变得更有价值，因此拒绝顾客参与进来。这个想法显然是错误的，顾客有许多好主意，因此应该让其参与到问题的解决过程中来，并督促企业创造更好的产品和服务。

3.少尝试花钱的反馈

有些公司会请专业调查公司设计几页纸的顾客调查问卷，花半年左右的时间和大量的财力和人力来完成一个专业的顾客调查，但是当调查结果出来时可能不再实用了。对比可知，简单、快捷的顾客调查将获得更高的反馈率，还可以使公司对相应的问题想出对策。不要试图将所有的问题一次性解决，应该每次只解决一个到两个问题，并告诉顾客你因为其反馈而作出了改进。

4.更快捷、方便的反馈途径

反馈的途径有多种，其中包括：顾客当面告知，或者通过电子邮件、网站、电话等方式。其中的最关键所在是使顾客能更加快捷、方便地反馈。客服经常会说要将顾客的意见反馈上去，但往往结果就是无疾而终，顾客的反馈也就很难发挥作用。然而，另一方面，企业还乐此不疲地去花钱做调查，这就是一种浪费，还不如直接听取顾客的反馈作用明显。建立快捷的反馈机制和通道，让顾客能够迅速、方便地作出反馈，这样才能够收集到更多真诚、有价值的反馈意见。

5.技术手段获取反馈

相比于其他手段，通过网络调查来获得顾客反馈更快、效率更高且更经济。以杭州某大酒店为例，其网站上顾客反馈栏就有很多顾客的反馈意见和酒店及时的回复，但其他大多数的酒店和饭店的网站顾客反馈一栏却无法使用。

设计反馈渠道：如果一个反馈渠道良好的话，可以帮助企业收集到来自顾客的对企业决策有重要参考价值的及时反馈。但关键在于，如何才能设计出良好的反馈渠道，这一点值得企业重新思考。

现在常见的有，银行的触摸评价系统、短信评价系统和电话选择评价系统等。事实上，用户有多种意见反馈的渠道，只不过企业有时候仅一味追求打造反馈形式，却忽视了更加有意义的反馈渠道。

就像是投诉系统一样，其本身就是一种反馈渠道，而且消费者投诉的越多，其问题也就暴露的越多。企业如果能把投诉渠道视为一种良好的顾客信息反馈渠道，那么一定会大大提高客户对自身的满意度。

在设计反馈渠道的时候，只有投入更多的心思才能让消费者乐于开口说出真实感受。消费者只有说出真实的感受体验或者意见反馈才能对企业有帮助，因此，设计反馈渠道是否成功正表现于是否能让客户开口讲真话。

鼓励反馈：事实上，企业需要鼓励消费者，尤其是在想从消费者的口中得到更有价值的信息的时候，就更需要鼓励消费者说出真实感受。

现存有调查问卷抽奖，回答问题赠送小礼品，邀请顾客体验或者试用企业产品提建议等很多种反馈形式，这些都对消费者反馈意见起到一种鼓励作用。但鼓励也有度的要求，不然非但不能够得到消费者的良好反馈，甚至可能招致消费者为谋取某些利益而做出的虚假反馈，这样的效果将和预期背道而驰。

消费者的反馈一旦被打压，或者企业没有做出良好的反应，消费者自然会三缄其口，对投诉和反馈失去信心，甚至对企业也不再抱有希望。因此，企业必须要让消费者提出反馈，并鼓励其发表意见和看法，这样才能有针对性地去改善产品、服务。

❖ 体验经济中情感对口碑的作用

　　为了使产品得以广泛传播，必须加强对消费者的情感的重视。消费者的消费观念、消费心理及消费方式伴随着社会经济的发展和人们生活水平的提高而发生了翻天覆地的变化。就像国际营销大师菲利普·科特勒所总结的：人们的消费已由数量消费、质量消费进入到情感消费阶段。为了顺应这样的环境，打出情感营销的旗帜也就成了口碑营销的必需，企业需要加大对顾客的情感投入，用温情打动顾客并大获成功。

　　我们可以来看一个例子：

　　一位访美学者在商店买笔记本电脑专用的鼠标，标价是 20 美元。这位学者觉得有点贵，就换了一家商店。那家店的店主热情地为他找，却没有找到。于是，店主就给这位学者递上一杯热茶，让其坐下等一会，亲自去仓库找。一个小时左右，满身尘土的店主手拿着鼠标回来。这使得学者非常感激，在接过鼠标后却发现标价是 22 美元，最后也愉快地达成了交易。

　　可见，感情价值存在于商品中。商品的感情价值指的是商品在交易过程中，能够激发并满足消费者积极情感需求而具有的价值。商品的本质属性不仅包括使用价值、交换价值，还包括感情价值。以盖天力制药公司生产的感冒药"白加黑"为例，广告中告诫消费者"白天服白片，晚上服黑片"，"白天服白片不瞌睡，晚上服黑片睡得香"，最终取得了理想的效果。企业不仅从产品的功效出发，还表达了自己对患者体贴关心。此时，消费者会产生积极的心理体验，进而使自己的感情需求得到满足。在商品销售过程中，也同样可以通过服务的感情价值而使消费者的购买欲望得到激发。

商品的感情价值在商品构成的各个形态和整个营销活动中表现出来。据现代市场营销观念，商品综合了能满足消费者需求的物质和非物质存在。我们可以将商品分为三个层次：核心商品、有形商品、延伸商品，而商品的感情价值存在于其中的三个层次，并通过其具体形态表现出来。其中，核心商品指商品的功用和功效，决定在生产过程中商品感情价值的投入。另外，有形商品指包括商品的包装、商标、款式、花色、规格等在内的商品的外观形象，决定在生产、销售过程中商品感情价值的投入。而延伸商品指生产经营者所提供的各种服务和保证，决定在商品销售和售后服务中商品感情价值的投入。

要善于开发并宣传"感情产品"。

当今的成功企业通过研究消费者感情需求，推出了大量的"感情"产品，以进行口碑营销。以德国宝马（BMW）汽车公司为例，其改变了过去单方面将技术能力和先进性作为标准的思维方式，将感情因素、审美因素及个性因素等加入产品开发的理念中，满足了顾客的不同心理需求，被分为运动炫耀型、享乐主义型、实用主义型、传统型等不同类型。另外，还有被誉为"美的传播者"的法国欧莱雅化妆品公司，将其独特的巴黎时尚融合东方魅力，开发出完全适合中国人肤色及品味的产品，让东方女性在领略到异国风情的同时，还能拥有独特的东方美。再如美国奥尔康公司，其在所生产的儿童玩具布娃娃千人千面上注明产品出生（生产）日期、性别、手印、脚印，还盖上"接生婆"印章，并要求购买者在购买时签领养证。这样做使该产品变成一个有生命的婴儿，将巨大的心理安慰和快乐带给很多成人和儿童。消费者在感情消费时代，购买商品的目的不仅是满足物质需要，还是一种对个性的满足和精神的愉悦。

1963 年，美国诺顿百货公司成立。自创立以来，公司凭借着出色的服务赢得顾客。公司里，每位员工都是"零售超人"，随时随地准备着帮助、关心他们的顾客，他们可以为参加会议的顾客熨平衬衫，为忙着试衣的顾客准备餐点，为顾客购买其他商店的商品，会送货上门等。

事实上，消费者的消费需求是一个复杂的心理过程，其很容易受到来自情感因素的影响。而可口可乐在开拓中国农村市场时，也曾利用这一因素策划了一个符合中国人习俗的春联活动："新春、新意、新鲜、新趣"，对"可喜、可贺、可口、可乐"。该广告内容是一条抱在中国泥娃娃阿福怀里的大鱼变成了一瓶可口可乐，广告语是"你属龙、我属蛇，可口可乐属中国！"这样的广告一下子就打进了消费者心里，很快赢得了农村消费者市场。这个事例正好说明了情绪、情感对各种需求的重要影响。

同时，消费者在消费的过程中同样受到感情的影响。购买行为可以分为三个心理活动过程：认识过程、情感过程、意志过程。其中，认识过程是消费者接触、了解和掌握商品及其他消费信息的过程，是整个消费行为的基础，但必须要通过一定的情感体验将整个消费行为构成联系起来。消费者的情感体验不但充满着对商品的各种认识过程中，还会影响并制约对商品的认识，而这种影响和制约并不完全是积极的。例如，轰动一时的山西假酒一案就使消费者对山西酒产生抵触情感。又如，某食品生产企业"月饼事件"不仅使消费者对该厂月饼感到愤怒，甚至还影响了该企业的生意。再如，格力空调开展的"请消费者看心脏活动"使消费者产生了信任和愉悦的情感。活动中，格力将其生产的空调大卸八块，让消费者看到它的"五脏六腑"，并向消费者讲解各部分的功能，从而使消费者产生积极的情感。同理可知，购买意志的感情因素也存在于消费者中。虽然意志具有较强的理性，但这种理性以认识和情感为基础，甚至被情感所决定。生产经营者一旦能为消费者提供可靠的商品和愉快的购物体验，必定会得到消费者的积极反馈，产生购物的欲望。

❖ 以创意塑造体验，为口碑开道

当今世界上，很多广告十分平庸，既没有产品的特色，还缺乏商家的灵魂，仅仅是冰冷的海报和无聊的语言组合。然而，绝对伏特加这个商品广告绝对是一个例外，你永远都无法在别的广告，甚至同类产品的广告中找到相同的作品出来。可以说，绝对伏特加的品牌打造是营销史上的经典。19 世纪 80 年代，瑞典的绝对伏特加凭借其极具创意的营销手法，迅速在全美年轻消费者中变成明星产品，并开始了对欧美伏特加市场的主导。

在中国市场上，限量装酒瓶的创意也可以说是一个经典案例。该瓶瓶身融入了中国经典神话人物孙悟空的形象元素设计成"72 变"，将伏特加大胆、创新、随时而变的品牌性格表现了出来。伴随着这款创意设计在艺术圈、本土文化、商品包装以及酒文化各个领域的备受瞩目，绝对伏特加又再次在中国市场上创造了一次经典营销策划。

绝对伏特加的专属创意

要敢于想别人所不想，为别人所不为。在绝对伏特加看来，创意就是想别人所不想，为别人所不为。

所谓的创意也不过就是想法，本身具有一定的不可预测性。而正是这种不可预测性导致了创意在被激发的同时，创意者却无法预测其所具经济效益和对产品的价值，这种可有可无的思想最终导致了大量的创意灰飞烟灭。因此，当你看到别人也有相似创意的时候，发现了不被自己重视的创意在别人手中却变废为宝，成为重要的宣传工具，其所带来的后悔和无奈将是巨大的。

仅仅凭借一个酒瓶的创意，绝对伏特加以一个从来没有人重视的容器作为起点，发挥自己的创意，利用自己独特的想法使其成为舆论关注和话题的焦点，这正是伏特加自己的真正创意所在。

对于创意，最重要的是"创"字，而非"意"，每个人都会有自己的想法。据一份权威的调查显示：70%的受调查者都会对目前市场上一些很有创意的广告和话题感到熟悉，有的人甚至能指出其背后的设计原理和创作理念。然而，在被问及这些曾出现在他们脑中的大胆并具有商业价值的想法为何没有得到很好的利用时，答案竟然都是在想法出现时，没有人意识到其创意本身的价值所在。

一旦良好的想法得不到重视，没有被创意者所利用，那么这也不过是一个空想，并无实际意义。如果想法仍然停留在空想阶段，将永远无法变为现实的创意，也就无法吸引住买家的眼光。

而一旦别人没想到，或无法完成时，你将这个想法转化为现实并付诸实践，最终使其突破空想，对产品产生实际影响，成为真正具有价值的创意。

在绝对伏特加的第一批宣传被推出后，其反响也并不显著，因为宣传本身就是一个摸索的过程，每一个国家的审美观和价值观都不尽相同。其后，绝对伏特加开始进行一系列的总结并在原有的酒瓶概念中加入每一个国家独有的特色，例如在泰国，将酒瓶做成水上交易市场船只的形状，让所有人在看宣传画的同时领略到异国风光，获得双份的享受，也就有越来越多的人开始期待新品的推出。也就是这份期待让绝对伏特加成为了话题的中心，正说明了这个创意推动了绝对伏特加的进步。

第一次失败后，绝对伏特加最好也最省心的选择就是放弃本身具有良好潜质的构思，接受平庸的创意。但绝对伏特加并没有这么做，而是总结失败经验，对于原本粗糙的设计进行改造，并使改造后的创意在很大程度上更加符合消费者的需要。而我们所谓的创意深化过程指的正是从一个模糊的想法发展成为一个为该产品度身打造的构思。

要能够创建自己的特色文化。在时尚圈、文艺圈以及业界，伏特加的创意文化已经成为人们津津乐道的话题，正如IT界的苹果，大家总是在期待新花样，而伏特加的创意文化也使得话题的内容和亮点在不断变化并满足消费者需求。譬如，为了与中国本土文化融合，绝对伏特加一方面与艺术家合作推出限量瓶装设计，借助新媒体平台，通过举办创意大赛等方式来获得创意人群的意见。同时，还通过艺术家的博客和专业的设计博客进行话题延展，并充分发挥开心网和新浪微博等社交工具的作用，促成"创意者—推广者—粉丝"三方互动的热烈话题传播效应的发生。

成功话题创意的六大特质

追根究底，话题创意的根本目的就是为了传播品牌，达到话题迅速蔓延开的口碑效应，而要想通过口口相传的传播模式进行传播，话题创意就必须要满足简洁明了的要求。如果让推广者口头复述一个复杂的逻辑和内容，这是并不科学的，因此，如果想要话题越传越广，就必须要保证创意简洁明了一语中的。同时，形成这种成功的话题创意需要具备以下六大基本特质。

1.信息真实性

只有基于企业产品真实情况的话题创意策划才是有效的，因为任何形式的创意策划传播的目的都是传播产品。所以，最初提供的产品信息印象与经过口碑话题营销过程的影响产生的情感印象完全相符才能促成口碑营销的成功。而且，欺骗只会招致消费者的反感。

2.利益相关性

只有保证话题的创意与受众的利益相符，才会引起受众的关注和积极参与，也才会有口口相传的传播模式。企业对这一利益点的正确捕捉不仅可以促成口碑传播效率的加快，还极有可能直接促成消费者进行消费。

3.话题趣味性

现实生活中，只有那些有趣和快乐的话题才会吸引人们的关注和接受，也只有有趣快乐的事件才会有人乐于分享。而充满神秘感的创意还会延长话题讨论的时间和品牌营销的影响力，同时，还可以保持传播的信息的新鲜度。

4.平台多样性

数字网络时代，口碑传播的媒介已不在限于人与人之间的口口相传，博客、论坛、微博等各种传播平台都在推动着口碑的传播。所以，口碑营销的话题创意还要考虑传播的多种途径和最终效果。

5.话题简洁性

另外，对于话题创意，必须要针对产品最突出的特征以及最想确立的产品或品牌形象进行描述。口碑传播的效果一旦形成，就会帮助企业产品明确迅速定位，树立起自己在消费者心目中的形象。并且，正如上文所述，简洁明了的创意更利于传播者的记忆和传播。

6.话题一致性

最后，还必须要记住，话题的创意策划要与公司营销目的和传播主题相符。随着传播阶段的不同，需要进行话题的更新升级，甚至推出新的话题。然而，只要企业的营销宗旨不变，其传达出去的声音就不能有丝毫变化。只有保持声音一致，才能最大化地积累品牌的口碑效果。

在制造话题带来口碑的传播效应中，话题制造尤为重要。

准确定位话题创意：任何一个好的话题创意都需要与产品结合来使用，因为任何一个构思都不可能完全把产品突出出来，任何一个产品也不能在宣传上将优越性全面凸显出来，这也体现了创意提供的决定性意义。

创意并非万能的，但营销却不能少了创意的参与，在这个"没有必须死，有了也不一定生"的时代，创意的地位就可见一斑了。老话说，好钢要用到刀刃上，只有对每一个优秀的构思都加以重视，才能在一个最佳话题中获得一个好的创意。

　　好的话题可以随时创造，但好的构思并不是立马就能想出来；任何一个事件都可能会变成一个话题，但任何一个想法却不能立马转化成一个创意。物以稀为贵，只有珍稀物品视为宝贵资源，才能保证你得到较高的回报。

　　适当传播保持话题热度：谨慎选择话题才是选择投放创意的关键所在，在保证话题突出产品的优点基础上，还要确定其有合适的传播范围。话题好坏与传播程度并无相关的关系，但在话题的优秀性和流传性中，首先要保证的是话题的流传性，这样才能使一个好的创意得到最大限度地发挥。创意最高效的利用正是融创意于话题中，让一个广为流传的话题得到质的改变，从单纯的谈论成为对产品的认可。好的话题不需要创意的粉饰，然而，在一个已经具有传播基础的话题中融入良好的创意后，即会形成一个良好的传播途径。

　　要想最大化地利用有限的创意，创意者必须选择一个适当的话题平台，制造大量的有感染力的舆论，从而保证话题的热度，为产品的宣传做好准备工作。

❖ 体验经济中的"体验"营销

体验营销是口碑营销中一种极为常见的方式。通过和企业产品、人员和流程的互动，消费者不仅加深了对企业的产品或服务的了解，还对其产品的质量更有把握，在心理上和企业走得也更近了。而在这种心理上的亲近感的促使下，消费者更倾向于主动去承担传播的职能，变成企业的编外营销人员。

常常会有这种情况发生，如果一个消费者在某家店购买服装却不能试穿的时候，往往会选择放弃；在购买手机时也一样，如果不能试用，多数消费者还是会选择离开；同样，在购买品牌电脑时，试用也是一种亲身体验质量的重要方式……仔细分析，不难发现其中的奥妙所在，消费者在购买很多产品的时候都需要对商品进行"体验"，无论真实与否，消费者都渴望参与到整个购买过程中来。另外，体验还会引发消费者的感官、情感、情绪等感性因素，甚至还包括知识、智力、思考等理性因素。而在体验后，消费者的感受基本会通过语言等反映出来，例如会用喜欢、赞赏、讨厌、憎恨等动词描述体验感想；也会用可爱的、诱人的、刺激的、酷毙的等形容词来进行描述。据心理语言学家研究，在人类的大脑中存在着很多与上述词汇类似的与体验有关的词汇。消费者经常会通过体验来决定是否购买一件商品。所以，体验经历是否愉快很大程度上，将决定企业能否获得更多消费者的青睐。

此外，体验式消费所带来的感受随着印象的加深而形成越生动的口碑传播形象，其传播的感染力也会愈演愈烈。正如约瑟夫·派恩二世（B.Joseph Pine II）与詹姆斯·吉尔摩（James H.Gilmore）在 1998 年 7~8 月号《哈佛商业评论》"体验式经济时代来临"专题中所指出的一样：所谓体验经济，是指企业以服务为重心，以产品为素材，为消费者创造出值得回忆的感受，从生活与情景出发，塑造感官体验及思维认可，以此抓住消费者的注意力，改变消费行为，并为产品找到新的生存价值与空间。

通常情况下，体验并非自发而是诱发形成的，但这并不意味着消费者被动体验商品，只不过营销人员必须采取体验媒介。并且，体验还是复杂的，不同的体验之间存在着巨大的差别，因此，人们只能通过一些标准来区分体验的形式。同时，体验营销还要求营销人员必须充分考虑企业的营销战略，体验对于消费者所要达到的目的，和保持体验新奇感的方法，这样才能真正地实现口碑营销的目的。

掌握消费者心理

体验是一个人在遭遇、经历过一些处境后所产生的结果。对消费者自身来说，体验经历十分重要，对商家也一样。因此，企业应该注意与消费者之间的互动，以发现对方内心的渴望。进而，学会换位思考，客观地对企业自身的产品或服务进行审视。所谓知己知彼，百战不殆，企业必须要了解消费者在体验过程中的心理才能对症下药，取得实效。

1.期望心理

对于已知的产品或服务，消费者总是想象将会产生怎样的体验。在体验之前，商家的一些推广活动，如广告等使消费者在购买前对体验结果已经心知肚明，也即是产生了期望值。因此，只要实际体验超出了期望值，就会产生正面积极的效果，不然将会事与愿违。

2.经验心理

在人与人的互动交流中，经验发挥着举足轻重的作用，同样也会影响消费者的体验结果。例如，消费者从前一次互动体验中获得一些经验，并试图用于第二次体验活动中，这使得这位消费者自然而然地把两次体验进行比较，并得出结论。那么，在这种情况下，消费者的结论将会在很大程度上受到该结论的影响。企业要想更好迎合消费者的体验心理，必须要将新的体验活动与上次的体验活动进行分析比较。虽然不能恒久不变，但创新有的时候也并不完全必要。

3.个性心理

不同的人其性格特征也会有所不同，而这些不同的性格特征决定了体验结果的不同。或许对于这批消费者来说，这次体验活动正好适合，但对于其他人来说就并不一定了。因此，在向消费者提供体验的同时，企业还要首先考虑自己目标消费群体的情况，有针对性地举办活动，以达到事半功倍的效果。

企业只有弄清消费者的心理因素，才能有的放矢地开展体验，也才能保证活动结果是积极正面的。

提供机会

以消费者心理的角度来说，体验的核心精神正是对自我实现的追求。企业主要提供的已经不再限于产品或服务，还包括让消费者身临其境的体验、让消费者难以忘怀的愉快体验经历。当消费者购买一种体验时，其目的就是为了获取时间和享受，让时间变得更自由。就像是，选择主题公园或游乐场，其目的就是为了娱乐体验；选择户外运动或者体育项目，其目的就是为了运动体验；而选择网络游戏或者网上冲浪，其目的是为了一种网络体验。

现在的市场上，各品牌之间产品品质的差异已经不再明显，而消费者真正的购买动机已经转移到了产品购买的氛围环境、产品在私人传播过程中的知名度、产品的外包装和服务的专业程度上。所以，企业必须要做到保证自己的"体验"能够真正与其他企业所提供的体验区分开来：与众不同、个性十足的营销渠道，但又具有独具匠心的商品包装和陈列的视觉美感，再加上特殊营销人员亲切专业的服务态度，以及现场示范、免费试用等。

大多数人都希望在体验兴奋、刺激的同时，还能保证安全可靠，网络上的各种体验正好满足消费者的需求。网络媒体对企业开展口碑营销是必不可少的，愉快的网络体验可以吸引来更多的潜在消费者，并促使其购买产品、传播产品信息。

其中，愉快的网络体验指对于消费者而言，简单明晰，气氛轻松且能使消费者的心情得到调节的一种体验活动。只有这样，才会让消费者乐意去体验，也才会使消费者主动去传播品牌信息。

出于激发消费者的热情，促使其能够为商家的产品或服务所折服，进而产生消费行为的目的，企业无时无刻不在想着为消费者提供愉快的体验。因此可以说，一个产品能否实现最大规模的传播，企业的产品或服务能否得到最广泛的认可，一定程度上取决于企业能否最大限度地调动消费者的热情。

著名的小米手机采用的就是这种调动消费者热情的体验营销方式，一时间在青少年消费者群体内大受欢迎，成为一个口碑产品。时尚新颖的外观设计、丰富实用的应用程序加上价格上的优势。另外，公司通过挖掘充实核心用户群的实际需求来不断完善自身产品。同时，还通过网络各论坛，交流用户体验信息，以让消费者获得尽可能多的信息。最终，不仅赢得用户的一片赞誉，还吸引来了更多新的用户。

企业只有在激发消费者热情的基础上，才能达到促使顾客消费的目的。而企业要做的就是为其提供获得体验的机会，让消费者在体验中对产品爱不释手，最终买下商品。

五种体验形式

体验具有多样性和复杂性的特点，但是却可以根据其固有又独特的结构和过程分成不同的形式。这些通过特定的体验媒介所创造出来的体验形式，最终能帮助企业达到有效的营销目的。

1.感官体验

感官体验是指经由视觉、听觉、触觉、味觉与嗅觉所产生，目的在于创造知觉体验的感觉，可分为公司与产品、引发消费者购买动机与增加产品的附加价值等。被《时尚》杂志誉为"世界上最漂亮的巧克力"的理查特（Richart）公司所制作的巧克力，其商标是以艺术装饰字体完成，并以斜体"A"作为首字母，用以区分"富有（Rich）"和"意识（Art）"。然后，再将巧克力放在一个玻璃盒子里，陈列于一个明亮的销售店内。再加上打光拍摄，厚实有质感的包装，真可谓是一件美好的艺术品。

2.思考营销

这种营销方式的目标诉求是智力，通过创意的方式引发消费者惊奇、兴趣和对问题的思考，创造出认知和解决问题的体验。这种体验活动通常被用于高科技产品的营销活动中，在很多行业的产品设计、促销和与买卖双方沟通方面也得到了一定的应用。苹果公司已故总裁乔布斯说过："与众不同的思考代表着苹果品牌的精神，因为充满热情创意的人们可以让这个世界变得更美好。苹果决定为处处可见的创意人，制造世界上最好的工具。"在苹果概念店内，通过顾客自主体验或者工作人员引导和解说，顾客感受到了苹果所带来的生活体验，并引发了其对电子产品所体现的个性设计的思考。这样的营销方式在科技产品领域屡见不鲜，随处可见的体验店、概念店正是最好的明证。

3.情感体验

这种体验形式的目标诉求是消费者内在感情与情绪，这种体验形式范围广泛，不仅包括温和、柔情的正面心情，还包含欢乐、自豪甚至是热烈的激动情绪。创意者如果想要运作情感体验，就必须要真正了解引起某种情绪的刺激源头，并使得消费者自然而然地受到感染，并融入其中。就像是一句"孔府家酒叫人想家"，引发了游子们对父母、家乡的无尽思念。这份浓郁的亲情，使得消费者在消费的同时，还能感受到一种名为想念的情绪。

4.行动体验

与上述体验不同的是，这一体验的目标诉求在于通过影响身体的有形体验、生活型态与互动达到宣传的效果。其增加消费者身体的体验，为其指出做事的替代方法和生活的替代型态，从而使消费者的生活变得更加丰富多彩。其中，消费者生活型态的改变可以是激发的，也可以是自发的，还有可能是由如影、视、歌星或著名运动员等偶像角色所引起。例如运动用品的营销活动中，通常会选择对青少年消费群体具有很强号召力和影响力的演艺明星或者是体育明星进行代言，并且，其广告词常常相对其他产品而言，更具渲染力和鼓动性。又例如2013年5月22日长安马自达汽车有限公司将重点推广以试乘试驾为主的体验性营销活动，并谋求将试乘试驾的成交率提高至25%~30%。通过让消费者融入到活动中来，从而提高其兴趣，并促成交易的完成。

5.关联体验

这是一种包含感官、情感、思考、行动等方面的体验营销，超越私人情感、人格和个性，通过"个人体验"将消费者与自我、外界或者文化联系起来。另外，关联体验所诉求的目的是对自我改进的渴望。将个人与一个较广泛的社会系统相联系在一起，建立起个人对某种品牌的偏好，并让使用者逐渐形成一个群体。在很多不同的产业，如从化妆品、日用品到私人交通工具等中，这种关联体验都会有存在。

其他

1.检查消费情景

创意者的思维不能出现定式，表现的过分单一，要通过娱乐、店面、人员等途径和各种手段的配合来创造一种综合的效果，并赢得消费者良好的体验效果。同时，营销人员不能脱离社会消费文化的发展趋势，必须要思考消费所表达的内在价值观点、消费文化和生活的意义，并以此作为基础进行创意活动。对消费情景进行检查，保障了营销人员在营销的思考方式上，能够综合各个方面要素来扩展思考的外延，并通过较深层次的社会文化诉求来提升思考的内涵。

2.主题明确

主题对于体验而言是必不可少的，也即是说：体验式营销是从一个主题出发，并将其作为营销活动的中心，或像主题博物馆、主题公园、游乐区或以主题设计为导向的一场活动等一样，至少应该有一个"主题道具"。但这些"体验"和"主题"的出现并不是随机的，是营销人员精心策划的结果。如果缺少营销人员的精心策划，这种活动就不可能是一种体验式营销行为。本文所强调的体验式营销并不仅仅指的是表面意义上的营销活动，而应该包含严格的计划、实施可控制等一系列管理过程在内。

3.利用理性情感

消费者通常在消费时会进行理性的选择，但同时也会伴随着对梦想、感情、欢乐的追求。因此，企业不但要从理性情感方面去把握消费者的心理，还要将感性要素纳入思考的范围。

4.保持多样性

体验是多种多样的，其方法和工具也同样具有多样性，并且明显区分于传统的营销方式。这就要求企业善于寻找和开发适合自己的营销方法和工具，并不断进行创新。

第三章

如何靠口碑促进消费

　　企业与顾客之间的关系是无法割裂的，口碑营销的全过程也离不开顾客的舆论传播。同时，企业在销售的过程中，只有建立起一个让消费者参与的平台才能吸引并留住顾客，才能鼓励顾客积极传播对商家的正面评价并建立起良好的口碑，促进消费。

❖ 增加互动活动，提高消费者的参与度

口碑营销最核心步骤之一就是消费者之间的口耳相传，借助消费者彼此之间的交流来完成信息传递，口碑必须要经过消费者进行传播。因此，企业不仅要让消费者接受企业的产品，还要使其成为传播的载体，以及其他潜在消费者的游说者，在成为产品使用者的同时，也变成信息的传递者。在新产品被制造出来后，消费者如果参与进来，也就没有所谓的口碑营销；而口碑传播如果仅仅在某一消费者处就不再传播，其信息传播的范围也就相应有限，很难达到其他更大的范围的口碑传播。

在口碑营销中，消费者发挥非常重大的作用。一旦缺少消费者的参与，口碑营销也就无从谈起。在公众的积极参与下，口碑营销才能施行。因此，要达到消费者口耳相传的效果，消费者的参与是至关重要的，也只有给消费者参与的机会才能使其能够参与到口碑营销中来。

既然公众参与是实施口碑营销的重要条件之一，那么，怎样才能确保公众参与呢？调动积极性呢？让消费者参与的机会表现为很多种形式，其中最有效就是在服务过程中吸引消费者参与进来。人总是有需要的，正是这种需要带动了人的行为，这是一种由欲望渴求而表现出来的一种心理状态，也是人们活动积极性的源泉和根本的内在动力。因此，只有通过提供各种通往欲望的条件，引发人们的需求才能调动公众的积极性。

其中，调动公众积极性的实质就是调动其获取利益的积极性。其中，典型的例子就是福克斯公司携手"我的空间"（My Space）共同为电影《Z战警——最后一站》造势。在活动中，他们共同创建了一个叫做"X空间"（X Space）的社区，可以容纳三百万用户，通过纳入消费者来进行营销。消费者受到利益的驱动，而利益能够调动其积极参与，相对的，企业应该用利益来吸引消费者。通过向消费者展示口碑营销方案中对公众有利的地方，使其在确定利益的驱动下，积极参与到营销活动中来。

当然，还有一些其他的细节企业需要注意。在与顾客进行交流沟通时，一定给予对方极大的尊重，并还需要适当的赞美。

根据美国一家商店的规定，消费者只有在每周累计消费额达到一定数额或者连续20周光顾该商店时，才能得到一整套中国瓷器。

又例如，每年6月1日麦当劳推出的儿童套餐有很多款玩具，并且都赋予各种性格、喜好等个性化的因素，小朋友为了集齐这些玩具，就会重复光顾。

再如，某品牌的奶油会赠送一本菜谱作为礼物，这本菜谱写进了40种需要这种奶油进行烹饪的菜式，这样一来，同样能增加该品牌奶油的销量。

由此可见，赠品最好能是一系列，迷人而成套的赠品可有效地吸引消费者重复购买该产品，并使得赠品成为流行。即使赠品不是一系列的，也应该是成套的。就好像一套餐具、酒具、茶具，或者邮票、珍珠首饰，又或者是厨房用具、书籍、玩具、化妆品等。一旦赠品成套或者系列发放，消费者的意愿就很难被满足，也就会不断购买该产品，并积极参与到活动中来。

调动公众的积极性对于激发消费者参与而言是必要的，而公众的参与是口碑营销方案实施的保障。

然而，无论如何，下面三点是必须要遵守的规则：

1.可参与性

活动的可参与性是确保公众参与的重要条件，一旦缺少了这一性质，一个活动将不会吸引来参与人员。

2.简单性

活动过于复杂只会阻止消费者参与到其中来，如果长篇累牍的对活动进行叙述，又怎么会有很多人愿意去了解呢？

3.趣味性

消费者只有在活动中体验到乐趣，才会积极参与到其中来，因此，必须要用乐趣来确保公众持续的参与。而这也就需要企业在活动设计上多花心思。

那么，赠品营销有哪些技巧呢？

赠品营销要求企业在赠送产品、礼物或者服务的同时，能满足消费者向其他人展示的欲望，并使产品得到传播。这也是营销过程中经常使用的技巧之一。正是因为通常情况下，消费者愿意把自己的所得向别人展示，并且谈论整个赠送的过程和时间地点，并且还会鼓励他人再去。而企业要做的就是利用消费者的这一特点，帮助自己建立良好的口碑。

另外，赠送的产品一般可分为有形产品和无形产品。前者一般指赠送产品、广告礼品等有形物品；而后者则指赠送信息、服务等无形产品。但无论赠送的是哪种产品，目的都是诱导消费者增加对商家的忠诚度，并使商家的口碑得以扩大范围，同时提高产品及品牌知名度、增加销量。

首先，通过赠送实物来引导消费者进行体验。

在大多数情况下，口头宣传模式之所以能够被广泛推广，正是得益于消费者能够清楚表述其优势所在。因此，消费者如果能够直接向亲友展示并推荐实物，鼓励亲友进行尝试，那么其所带来的良好口碑也就可想而知了。

1.试用品

试用品分为两种形式，一种是随产品附赠的，出售产品时附带的小包装赠品,将其作为诱饵吸引来消费者再次购买;另一种则是直接在合适的场合赠送给消费者的小袋包装产品,在消费者体验后再决定是否购买。如果是价值较高的产品,可以选择第二种形式进行宣传。试用品发放的主要目的是让消费者在感受到实惠的同时,引起第一目标群体强烈的连锁反应。如果想要效果更好,还可以在出售产品或赠品中放入赠物券、打折券或者其他优惠券,以此吸引到更多顾客,促使其将这些优惠券在亲友圈内分发,进而达到更好的口碑效应。

快消行业也可以采用这种方法。商家将小包装的试用品在餐馆或者超市等目标人群活动的场所进行分发,让目标群体自己体验或者带回家去分享,以达到良好的口碑效应。以 10 毫升装迷你型饮料或白酒为例,其袖珍的外形不但能引起消费者的兴趣,还能帮助企业收到体验营销的效果。

2.赠礼

这里所说的礼品可以分成两类,一类是广告礼品,在具有一定广告价值的基础上,还具有一定的实用价值;另一种则是与本产品无关的、纯粹的礼物。

这种赠送广告礼品的方法不仅利用了口碑营销的方法,还添加了针对目标群体的广告。通过礼品的实用性向目标群体宣传其口碑和广告。当然,广告礼品作为礼品而言,不可以太广告化,应当融合实用性、艺术性,尽量淡化企业或品牌的标识。

当然,企业费时费力做这件事的最终目的还是要起到广告的效果,而一旦广告礼品不能被消费者使用,根本就不用谈广告效果。但仅凭广告礼品上面硕大的品牌标识或者广告语是不能够帮助企业达到这一目的的,可以用印刷 DM 单的方式来代替。因此,企业必须要充分考虑口碑效果与广告效果两者之间的平衡,进而制作出合适的广告礼品。

另外,赠送纯粹的礼物通常会出现在促销活动中。如果两种产品之间的关联度很强,那么,企业还可以赠送给消费者上游产品,以促使消费者购买更多产品方能满意使用。这样做，不仅能带来良好的口碑，还能促进本产品销售量的提升。

其次，通过赠送信息来引发消费者的消费意识。

除了赠送礼品以外，还有赠送信息、服务等无形产品，其最终目的在于树立良好的品牌形象，建立良好的口碑。

1.赠送信息

赠送信息是指向消费者赠送行业或产品的相关信息或者对生活有用的信息的营销活动。

其中，行业信息包括最新产品信息、人气排行榜、价格比较表等。赠送行业或产品相关信息则是为了让目标群体了解某个行业的情况，引发其对本产品的消费行为，如向消费者赠送最新产品信息。之所以赠送这些信息，是因为其可以帮助消费者享受到更好的服务，购买到更时尚的产品。因此，目标消费群体中较有影响力的人往往会更加关注新产品信息。另外，企业还可以为消费者提供人气排行榜，说服消费者购买产品。其他的像全国、本城市、同行业的价格表可以让消费者明白产品的性价比，当然这样做的前提是自身要具备一定优势。只有在自身具有比较优势的情况下，才能对消费者更有说服力。

最后，生活有用信息是指那些对消费者生活有用的知识、常识、技巧等，包括生活常识、科普知识、产品使用方法等。通常情况下，这些信息与企业的产品有着这样那样的关系，能使得消费者在获得有用信息的同时更了解产品，进而促成购买行为。就像是商场里，销售人员向微波炉目标消费群赠送微波炉的使用方法、烹饪方法及菜谱等。

2.赠送服务

这种营销方式是指向消费者免费提供特定服务。所谓的赠送服务也即是额外地奖励给部分人群的免费服务，并不属于售后服务之列。通常包括，售卖饮水机或矿泉水的商家免费在特定时段内为消费者清洗饮水机，抽油烟机商家免费为顾客换油网等。这种营销活动可以是针对企业的新老消费者，也可以是针对更广泛的消费群体。实际上，后者不仅可以帮助商家制造新闻话题、扩大品牌的知名度、树立良好的口碑，还可以争取更多的市场份额，争取更多的顾客，并使企业迅速发展壮大。

❖ 利用广告提升口碑传播

"人传"具有"口碑效应","媒传"具有"示范效应",但两者之间并没有十分明显的界限。通常,在大众媒体与人群的口碑之间会出现相互渗透的现象,而聪明的广告人会将"媒传"与"人传"结合起来,使其相互融合,达到相得益彰,"1+1>2"的效果。

第一步,可将通过将真正受益的消费者纳入大众媒体,结合"媒传"、"人传"的作用,在大范围内吸引更多的消费者,并达到明显的效果。

第二步,利用新闻报道的形式,使"媒传"与"人传"相互配合,将广告信息带进社会生活的方方面面,并使得消费者对这些信息深信不疑。这同时也是利用"新闻效应"的一种表现。

第三步,寻求与权威或名人的合作。在消费者群体中,权威或名人具有举足轻重的地位,其一举一动通常会被消费者所关注与模仿。因此,一旦让其在小范围内在大众媒体上进行推广,那么,"权威人传"和"名人口碑"将会表现出十分惊人的作用。

施拉姆曾说道:媒介所传播的信息被受众注意和选择的可能性,是与信息能够提供给受众的价值成正比,与受众获得它的费力程度成反比的。在这种竞争中,媒介向受众充分展示自己"卖点"的过程,即为受众提供"价值"的过程就是对受众注意力争夺的过程。

另外，唐·E.舒尔兹教授也说过：整合行销传播是以消费者为核心的重组企业行为和市场行为，综合使用各种形式的传播方式，以统一的目标和统一的传播形象，传递一致的品牌信息，实现与消费者的双向沟通，迅速树立品牌在消费者心目中的地位，建立品牌与消费者之间的长期密切关系，能更有效地达到品牌传播和品牌行销的目的。

就我国的现状来说，在媒体不断增多，媒体费用不断上涨的背景下，企业要想快速创建品牌将不再像之前那么容易。那么，怎么做才能超越单纯的广告而利用其他替代性的独特传播方式来减少成本，实现品牌效应呢？答案就是所谓的"品牌传播的策略性整合"。也即是说，根据核心目标消费群和信息触点的沟通，整合媒体广告、公关事件和活动行销、促销、直销、口碑营销等营销方式，进而将规划好的品牌信息通过这些传播工具进行统一的释放，并迅速建立起品牌口碑，达到营销的目的。

一个产品问世，这并不意味着它就能轻而易举地接近消费者并得到对方的肯定。只有采取一些非强迫性的手段才能使消费者接受产品，但有一点必须要注意，那就是这些手段只能是诱导性的。之所以这么要求，首先是因为这样更符合消费者的心理，也才能使产品得到更广泛的传播，也才能长久生存下来；其次是因为相比于其他方式，这种诱导方法消耗的成本更低——部分消费者会自愿自发地帮助你向他人传递该产品或服务的信息，这样一来传播成本自然也会降低。

这样看来，口碑营销与传统意义上的广告营销有很大的差别。譬如，站在用户的角度来说，同样是做广告，传统意义上的广告是建立在强制基础上的，用户是被动接受其所传递的信息。并且，广告发布者也从未考虑过用户的感受以及是否自愿等情绪，甚至于可能会引起用户的反感。口碑营销却恰恰相反，这种营销方式将客户的内心意愿和主观情绪都纳入了考虑的范围，也更容易获得消费者的喜爱和肯定。这就好像是随风潜入夜，润物细无声。当用户的购物潜意识被激活时，离他们产生对产品的欲望也就不远了。

❖ 在客户的反馈中制造口碑

长隆动物世界推出的通过特殊车辆搭载，让游客零距离接触动物这一服务，为它吸引来了更多的顾客。从此以后，顾客不用隔着冷冰冰的笼子去观看动物，而是可以近距离观察。事实上，这个大胆而新奇的创意并非出自那些创意研究者之手，而是来自一个小孩。

每一位顾客都会对产品有疑问，这家动物园也不例外。当这个小孩子提出为什么不能到笼子里观察动物时，并没有引起工作人员的注意，因为受到安全、卫生等各方面条件的限制，这简直是天方夜谭。

但这却引起了长隆老板的注意，在确保安全、卫生的前提下，对于顾客来说，与动物实现零距离的接触显然比现在所有动物园的游览方式更具吸引力。结合这个小孩子的建议，再经过灵感的逐步加工，最终变成了现实。通过特殊的车辆搭载游客，在确保游客安全和卫生的条件下，把人和动物的身份调转过来——动物能够有相对较大的空间自由驰骋，而人却在车里静静观察。很快，这种新的游览方式受到来自各方的好评，长隆动物园这个名字瞬间名噪一时。

是谁创造了这一概念

商家经常在对话题进行选择或者更新的时候，总是感到无所适从。受到身份的限制，商家很难完全理解消费者的想法，这也就可能导致商家与市场的脱节。因此，角色互换这种方式在一定程度上弥补了过往的不足，并不是问题的根本解决方法。商家要想真正地理解消费群体的声音，并在此基础上选择更合适的方向或者建立新的舆论热点，就必须要倾听客户的声音。

销售人员在绝大多数的销售过程中，通常更重视销售的结果，以及商品附加值的增加，常会忽视与消费者在挑选产品时的交流。而长隆销售人员却并不这样，他们把与顾客的交流作为获取信息的关键渠道，认真听取消费者的建议。在他们看来，要想获得有关产品的各个方面的信息就必须去听、去想、去探索。在听到游客的评论时，工作人员也不急于去澄清，也不会去阻止，反而会留心观察每个细节以获取更多可靠的信息。

消费者有时候会选择在询问服务的情况下再决定是否购买，但这种所谓的服务走向正是如今市场上大多数商家所忽视的。但长隆却不同，在抓住这点进行新服务开发的同时，利用该功能进行二次宣传，提高自身产品的市场认知度，从而树立自己的口碑。

关注价格和质量

相对于服务，长隆的工作人员在倾听的过程中，注意到消费者会问到两个问题：一是价格，另一个是质量。这两点内容可以作为后面话题的更新和持续的重心所在，但更要注意两者之间的区分。

在一定程度上，价钱和质量两者之间有着某种一致性，但在市场倾向方面就有很大的区别。当消费者开始询问价钱或者对其进行讨论的时候，也就表明产品目前的市场价格偏高，普遍高于消费者的预期价格。同时，消费者也没能在市场上找到同类且价格更低的替代商品，因此，就会造成心理预期与市场价格之间的落差。这种落差对于消费者来说是一种隐患，并可能会形成一种巨大的负面情绪，而这种负面情绪存在本身就代表消费者需要寻找一个释放点。虽然并非所有的情绪释放都会带来很大的冲击，例如施与，因此，如果商家在负面情绪挤压到一定程度的时候选择降价，那么，这个商家将会变成同类产品的一个市场释放点，最终会为其带来呈几何倍数增长的利润。商家同时还可以借由这个机会在消费团体或者市场上进行舆论宣传，向消费者展示自身产品的突出表现，从而成为时代的领导者。

同理，如果顾客多数是询问质量问题，那么也就意味着市场上同类产品并没有十分出众的口碑，如果过分宣传低价，试图以价格优势来竞争的话显得并不那么明智。而企业所要做的就是：更新话题，将以质量为中心作为话题的中心；或者重新建立新的话题，并把质量安全作为宣传的重心。与此同时，建立起相应的配套服务，保证自身产品不会受到市场上的负面舆论影响。

对于延续话题和掌握话题趋势而言，最重要的是在销售过程中听取客户的声音，分析其中的缘由，并相应作出回应和改变。

1.主动参与话题

在口碑建立过程中，消费群体进行话题传播总是会带有一定的盲目性，而谣言四起并不断演变出数十种不同的版本，也就导致了三人成虎的现象，这对于品牌而言是非常危险的。那么，怎么做才能在没有过多的商家参与的情况下，更好地带动话题呢？商家需要与消费者互动，主动参与到话题讨论中来。

商家参与互动也就预示着，其必须在消费群体的讨论过程中积极参与进来，而不是被动地作为讨论对象。而互动的最大作用就是淡化客户与商家之间那条明显的鸿沟，消除客户与商家之间的敌对立场，尤其是消除客户对商家的敌视心理。另外，商家和客户应该在相对平等的环境下进行意见交换，使话题不断深化。与此同时，商家将自己的意见很好地表达出来，并非是洗脑式地灌输思想，而是深入浅出地逐渐改变，消除异样感觉，最终成功控制话题的流向。

2.尊重消费者的意见

尊重消费者的意见对于互动而言，是十分重要的。一种产品的面世需要时间去磨合和改良，一个完美无瑕的产品并不是一蹴而就的。那么，既然产品存在瑕疵就不能阻止话题的深化，而是鼓励消费者继续表达其意见。事实上，消费群体话题的深化对一个产品而言，也是一种分析和反省，虽然其中可能会存在一定的认知错误或者不到位的理解，但其中仍旧隐藏着正确的意见和值得参考的数据。

3.通过对顾客质疑的妥善处理，建立起口碑

商家在面对互动话题讨论中错误的质疑时，不能一味地呵斥，而是要拿出数据去说服对方，让对方在证据面前心服口服。只有这样一个讨论才会获得客户的谅解和肯定，也才能促进自身口碑的建立。另外，企业通过话题讨论空间和阶层的深化，与用心承诺有疑问的用户，扩大话题所带来的好处，减少由于不满错误所埋藏下的负面效果。并且，企业还应该最大限度地利用用户的反省和内疚心理，将自身的口碑固化。

企业在应对正确的指责时，更要小心翼翼，在改正自身错误的同时对消费者的诉求进行反馈，及时公布反馈情况。企业同时还可以邀请客户为产品的改进提出建议，使其淡化消费者的立场，与这个产品相融合并改善其对产品的印象。在互动的基础上，话题将不仅仅局限于宣传，还包括售后的产品更新和技术更改，为产品的发展指明一个正确的方向。

总而言之，商家要做的就是在互动关系的基础上，努力与客户成为朋友，并推动话题的更新完善。这样一来，口碑的建立也就不难了。

❖ 善于以降低期望值来提升客户满意度

人本身就有分享的本能，希望能和亲友分享好的东西，也同样希望能够分享不好的经历或体验，这也是一个主动传播的过程。通常，传播内容的好坏主要取决于顾客对产品或服务的评价。因此，创意者必须在做口碑营销策划的时候，关注提高客户满意度，了解客户真正需求的方法，尽量做到完善。只有知己知彼，明白自己在顾客心目中的地位，才能正确审视自身优缺点，也才能在营销活动中做到顺风顺水。

首先，创意者必须清楚，客户的满意度到底指的是什么。

试想一下，在夏日的骄阳直射下，在你一路狂奔，终于气喘吁吁地在车门关上的最后一刹那登上拥挤的公交车时，你心里所饱含的庆幸和满足。再想象一下，在秋高气爽的秋日，虽然你在起点站悠闲等待了十几分钟，但最终没能抢到座位时的失落和沮丧。这样的对比是何其的大，也足以说明满足度并没有那么简单。

相同的结果，却得到不同的感受，这其中的原因到底是什么呢？

显而易见，问题的答案正是期望不同，所得到的结果也就不同。炎热的夏天你的期望仅在于能"搭"上车，即使抢到座位也是意外收获。但在凉爽的秋天你的期望变成了不仅要搭上车，还要有比较好的座位。这就导致了不同心理感受的出现，同样的结果，不同的期望值就会导致不同的满意度。

如上所述，我们可以总结得出如下几点：

客户满意度是一个相对概念，指的是客户的期望值与最终收获值之间的匹配程度。

客户付出的成本越高，期望值也会随之增高，两者之间成正相关关系。

客户参与程度越高，互动越多，其满意度就会越高。也即是说，越难得到就越会珍惜。正如前文例子里的故事，一路狂奔，好不容易才能搭上车，显然十分不容易，而只需要静静地等待十几分钟就能做到的话，也就没那么珍惜了。

综上所述，显然客户满意度是一个由客户的期望和实际感受相比较而得到的最终值。因此，要提高客户满意度就必须要做到如下三点：首先是提高客户实际感受收获值；其次是降低客户期望值；最后是让前两者同时进行。

1.提高客户的收获值

关于提高客户的收获值这一问题，并非三言两语就能说明白的，因此，本文仅简要提供几个关键点供参考。

实际上，产品的各个方面都有可能影响到客户的收获值。例如硬件方面，包含产品、环境等要素，软件方面则包含服务、氛围、文化等要素，每一个细节都会对客户的实际感受产生影响。

这也就要求企业在实施口碑营销计划的同时，对产品或服务实行全面的管理，努力完善产品的各个方面。

2.降低客户的期望值

关于降低客户的期望值，由于客户期望值受客户本身因素的影响很大，因此不具有可控性。因为不同客户对相同的产品将会产生不同的期望，那么，口碑营销也需要相应地调整战略。

首先，要了解客户的期望所在：企业可以通过用户间的口碑中了解到其对产品或服务的真正期望，并将精力集中投入到真正需要的地方去。例如，西南航空公司曾经通过研究证明乘坐短途飞行的顾客并不十分期望免费餐，因此选择取消飞机上的免费餐而降低票价。

　　其次，根据客户期望值进行自我完善：企业在了解顾客的期望值后，可以通过口碑营销帮助自己对产品或服务进行相应的调整。例如，顾客通常会期望一家"超豪华大酒楼"饭店所提供的服务要远远超过一家普通饭店所提供的服务，所以，这家饭店就必须要优化自身的服务水平。调整后的饭店再通过口碑营销策划引导顾客进行口碑传播，并将自己已经变化这一讯息传达出去，最终达到宣传的目的。

　　最后，提前知会客户的重要性：在销售产品之前，如果商家提前告知顾客产品的不足之处，虽然可能会获得客户的谅解，但更可能会遭致不满。那么，我们可以通过口碑营销策划以一种另类的方式告诉顾客，减少顾客的不满。对此，富士胶卷想出了一个方法。富士胶卷知道在明亮环境下的成像效果并不如柯达胶卷，于是，就发明了"室内用富士，室外用柯达"的营销口号。借此，成功避开富士胶卷在室外不如柯达胶卷这一弱势，主动调整了客户的期望值。

　　但书上得来终觉浅，最终还是需要自己去实践。企业还是需要不断通过实践探索出适合自己的口碑营销之道，这样才能得到成功。

❖ 让客户更加信赖产品，增强依赖性

现实中，消费者对产品的需求正是销售的基础所在，商品的使用价值才是商家和企业应该关注的，而消费者也只会为商品的使用价值花费金钱。而这时，商品的售价就成了消费者对其使用价值的衡量标准。

商品的使用价值是其根本属性，如果缺乏了使用价值，其就不能构成商品，因为它不能对消费者产生效用。

而事实上，口碑营销就是消费者对商品使用价值的传播。今天，商品的种类更多，一切面向消费需求的核心功能几乎成为共同特点。而在功能与效用之间并不能就此画上等号，也就是说：商品的使用价值包含商品的功能。

想要放大产品功能就必须要依靠口碑宣传，其后才能使功能变成使用价值，也才能满足消费者如虚荣心、好奇心、追求时尚等各种心理需求。

例如，手表的核心功能是计时，一块计时比较准确、功能很丰富的电子手表也只需要 5 元。但相比一块千元以上的普通瑞士品牌手表，其差距超过了数百倍。事实上，在手机已经得到普及的今天，计时功能的价值已经不复存在，因为手机上的计时功能就能满足人们的这一需求。因此，手表从以使用功能为主的耐用消费品逐步演变为展现个性和品位的符号化消费品。

同样，汽车的核心功能是代步工具。但相比于一辆质量不错定价在 5 万元左

右的夏利汽车，一辆奔驰汽车标价却高达百万余元，相差数十倍。

在凡勃伦《有闲阶级论》一书中有对"炫耀性消费"的描述，是指消费指向已经脱离了物本身，转向物所承载的地位、身份、品位等符号价值。实际上，符号消费既是一个向他人显示自己地位的过程，也是表现"地位象征"并由其所带来的满足感的过程。

另外，相比一部设计小巧、通话质量良好且定价不到 500 元的手机，定价超过 8000 元的高端手机显然贵很多。甚至有的厂商用蓝宝石做屏幕，用贵重金属做机壳的手机，虽然功能平平，售价高达 21 万元，竟然能卖出 20 多部。

这告诉我们，当今商业社会变得更加间接，过去只要为消费者提供有使用价值的商品即可，但现在显然是行不通了。产品的使用价值已然不能直接转化为价值，企业必须依靠那些"非常规"的功能才能获得更大的利益。

有一个来自海尔的故事可以说明这个问题：

一位福州的用户给青岛总部打电话，希望海尔公司能在半个月内派人到他家维修电冰箱。但出乎该用户意料的是，第二天维修人员就到了，一问才知道维修人员是乘飞机过来的。这使得该用户感动异常，并在维修单上写下这么一句话："我要告诉所有的人，我买的是海尔冰箱。"

这件事看起来海尔公司很吃亏，但正是凭借这种一切服务于顾客的傻劲，海尔在中国消费者之中赢得了极好的口碑。

事实上，很多口碑的传播是自发的，但也会被一些企业有意识地利用口头信息的传播来实现口碑营销。

我们也可以看看"亨利·文哈德的储备"这个例子：

这是一种在美国西北地区销路极好的啤酒，最早在一些精挑细选的酒吧里销售。开始的时候，公司会向这些酒吧的营业人员详细介绍该产品的特殊制造工艺，并通过营业人员向顾客转达。最终，等到顾客对该啤酒的需求上升到一定程度时，公司这才开始正式推出该产品。

　　由此可见，先用口碑营销的办法放大产品的功能，并通过消费者的各种心理需求，进而宣传效果，这样才能获得更大的利益。

❖ 以完美服务来推动口碑营销

　　君子爱财，取之有道。飞利浦销售就是这样的一个例子。在销售过程中，销售部员工们总是站在顾客的角度销售商品，每当顾客做出错误决定时，甚至还会站出来进行指正。

　　同样的，飞利浦维修部是个喜欢被骂的地方，每当顾客拿来的维修产品，他们总是把问题形容的比顾客想象的还要严重。但仍旧会在面对顾客的质疑时，默默地免费把产品修好。

　　还有飞利浦的开发部门，也是一个怪异的部门。该部门员工不是沿着固有的思维来开发产品，而是按照顾客刁钻的想法来进行产品开发，并且在明知难以完成的情况下还要坚持完成。

　　飞利浦公司就是这样一个奇怪的企业，即使在面对金融冲击的时候，仍然我行我素地大步前进，正是因为有顾客为他们撑腰，为其提供前进的动力。

服务不分先后

　　绝大部分商家都能意识到让消费者在购买过程中享受服务这一问题，因此，才会标榜"顾客是上帝"这样的一句口号。然而，顾客在上帝光环的背后却很少有售后服务相配套的口号。显然，并不是所有人都能意识到口碑的建立应该分两个阶段，初期的"上帝模式"和后期的"师奶模式"，商家往往会忽略后者。

　　既然顾客在购买前有选择的权利和可能，那么销售者的行为并不能直接构成消费者是否购买的直接原因，而是多种因素影响着消费者的最后决定。在这个时候，消费者总是大方且宽容的，无论怎么做都不会影响到消费者和飞利浦销售之间的关系。正如那句话说的，世界上最安全的关系就是没关系，没有利益链接就没有利益纠纷，没有利益纠纷就没有负面评价。

既然上帝已经来光顾飞利浦了，那么，接下来就是如何面对180度转身的师奶了，菲利普与顾客之间的关系变成了最危险的利益关系。消费者在未购买产品时，是自由的，与飞利浦毫无关系。但一旦买卖关系成立，横亘在消费者与飞利浦之间的一条单方面的利益链就已经形成了。

这时候，消费者的心理就会发生很大的转变：既然我付了钱，就应该享受到相应的服务，商家有义务保证其能购买到合格的产品。这时候的顾客，眼光是挑剔的，任何蛛丝马迹都会成为飞利浦不负责任的证据，他们就肯定会追索到底。所以，也就衍生出了售后服务这项服务。

重点在于售后服务

一直以来，售后服务得不到商家的重视，甚者被故意忽视，因为其不能为商家产出新的利益，甚至还会招致顾客一些无理的要求。因此，往往是顾客的要求得不到解决，导致顾客负面情绪愈演愈烈。这样一来，顾客对飞利浦的评价逐渐降低，一旦这触及顾客的底线，将会成为新的一轮负面话题讨论。相比于其他商家的谣言，这样的负面舆论更具杀伤力，甚至可以在短时间引起顾客对菲利普的反感，无疑会对商家的口碑带来冲击，不利于商品口碑的形成。

因此，不能忽视售后服务的重要性和艰巨性，一个品牌只有把销售服务和售后服务同时纳入其经营范围才能赢得消费者更好的评价。把消费者当成上帝来服务不难，因为上帝始终都是抱着宽容的心态去看待问题。然而，当上帝变成师奶后，问题就没那么简单了，师奶的执着和挑剔都可能把你打垮。

那么，服务在产品的销售和口碑建立中到底有什么样的作用呢？如上文所述，所有的产品在进入市场的初期都不是完美无瑕的，它们或多或少会有瑕疵和不足，这是一个不可避免的问题。因此，在得不到充分市场磨合和听取用户意见的前提下，仅仅是商家闭门造车简直就是天方夜谭。

所以，商家如果想要平稳过渡这个磨合期，首先商家需要摆出足够的诚意进行改良，让产品在磨合期间仍旧能建立良好的口碑和宣传基层，并最终保证自己在市场竞争中能够占有一席之地。

正所谓真金不怕火炼，在这个过程中，产品是否能够做到最好，还需要通过服务水平和意识来进行检验，其中，消费者的建议必不可少。因为在这个环节中，服务是唯一的连接市场和消费群体、商家三者的纽带。只有商家有了良好的服务意识，销售人员才会在销售过程中发现并获取消费者的意见，也才能将这个意见传达给公司，并以此为依据开展改革。而这样的质变最终才能帮助商家形成对产品良好的口碑。

另外，除了帮助产品寻找到改革方向，良好的服务意识也是让产品顺利度过前期磨合的最关键所在。在良好服务的基础上，顾客甚至可以原谅一些产品的小瑕疵，当然这必须有合理的补偿和后续机制作为前提。

世界往往是出人意料的，即使你有强大的产品、新锐的设计概念、优惠的价格，但这些并不能保证你能成为一个常胜将军。好的产品、合理的价格规划下，市场口碑却一直上不来，对于其原因，众多商家也都成了丈二和尚。事实上，只有细心分析才可以发现问题所在：良好的产品在市场上潜力无限，强大的功能在合理的价格配合下才能永远胜利，这样一来是很难失败的。因此，只能说明一个问题，那就是欠缺销售中和销售后的服务意识，这就会造成消费者在得到合理或者超值的享受后仍然不会满意。于是，他们对产品的评价并不高，良好的口碑也不可能建立起来。

例如，某城市的繁华路段曾经有一间生意红火的商铺，一旦到了人流高峰的时候，顾客进店里挑选衣服都要排队。这家店的衣服款式新颖且大方得体，都是名牌服装，质量有保证，外加定价比品牌专卖店要便宜很多，在短时间内就迅速一跃成为整条繁华路段的热门店铺。

然而，这家商铺的口碑在一段时间的居于高位后就立马出现跌落，消费者讨论的话题已经转移到了服务态度上。数月后，这家店因为口碑的下降，最终迎来了关门大吉。

例子中的这间如日中天的服装商店在短时期内就倒闭了，正是因为它的销售人员的服务态度不好。在优良产品和低廉售价的基础上，销售人员便不会再尊重顾客，这个心理的转变使得销售人员对顾客提出的要求很不耐烦，销售人员给出的很多白眼和不屑，使这家店丢失了本该有的高人气。销售人员爱买不买的服务态度不仅没有在顾客的投诉之后有所缓解，甚至变本加厉，到最后也就失去了回头客。顾客给了钱便不能再在商店中逗留，如果想再买就必须重新排队。

这种消费体验换来了顾客的不满，在一片骂声中口碑也就很难建立起来了，即使其他条件，如产品质量过硬等也不再是优势了。负面舆论之下，这家店还是勉强维持了一段时间。到最后，这家店才因为一件小瑕疵的货品而引起整体的崩溃，在一片骂声中结束了曾有的辉煌。就这样，这家本来十分受欢迎的店因为服务态度差，在繁华的街区消失了。

正如例子中的商家一样，其产品和价格都很具竞争力，但因为服务质量差才会遭到顾客的厌弃。由此可见，良好的服务意识对于一家企业而言是多么的重要。如果一家企业仅仅关注产品质量却疏忽服务，即使短时期内得到了名声，也将会因为服务而衰落。所以，不能固执认为产品是口碑建立和宣传的唯一因素，同时还要关注产品的服务。

虽然服务不是万能的，但其重要性却不能忽视。在同样都有优良的产品再加上合理的价格的情况下，决定成败的关键因素将会变成良好的服务意识。如今市场选择的多样化使得技术的领先不再具有绝对优势，任何一个新型技术在短时间内或许可以构成垄断，但紧随其后将会被其他企业赶上。这样的话，大家的产品和价格就都在同一条起跑线上，缺少竞争优势的商家就必须寻找新的突破点了。

那么，当下社会给出的答案就是服务意识。如果企业服务得到了提升，顾客在消费的同时还能享受到购买过程的贴心，这样比出色的产品更能打动人心。换句话说，成功的产品并不意味着良好的企业形象，服务意识才是企业的精神所在。一旦商家有了良好的形象为依托，那么，紧随其后的口碑建立过程中将会免去很多麻烦，因为消费群体对于商家的第一印象依然变成了良好的服务态度和优质的购物享受。而基层的满意和舆论的倾向如果都对企业有利，那么企业将可能会迎来更具效率的口碑传播。

虽然服务并非有形的产品，但其在不断提升产品质量的同时，还能够帮助企业赢得相应的口碑和宣传，获得一条更便捷的、由消费者组成的传播途径。这样一来，就会使得每一份产品的出售变成了一份口碑的销售，消费者更能感到其所付出钱财的物超所值。如此一来，强大的传播效应也就在眼前了。

❖ 双赢方式让商家与顾客共惠

从一间店铺变成数十家连锁店，某知名美容连锁商店由一个名不见经传的小店摇身一变成为全国连锁美容的翘楚，其服务特点真可谓功不可没。相对便宜的价格，丰富的服务内容和会员制度，让每位女性顾客瞬间被其所吸引。在一波又一波的讨论话题中，顾客们竞相描述着其他美容公司的差劲，炫耀着自己在该店享受到的特权。羽毛日渐丰满，该美容店一鼓作气，突破几近饱和的美容市场，在市场上打下一片江山。

实惠才能引来顾客

1.价格是首要元素

某知名美容店建立起自己口碑过程也是在广大的消费群体中逐渐传播，最后得到肯定的过程。事实上，最难的不是建立问题，而是初期的蔓延工作，只有得到最广泛的讨论并建立其话题，才能得到长久的口碑。在这一阶段，需要吸引顾客去讨论产品，使其在不知不觉中谈到产品。这就要求销售者在方法上进行取舍，选择该产品最符合消费者要求的销售概念和渠道。其中，最适合所有产品的销售概念就是合适的价格。

因为，价格对产品的销售数量和话题的产生有着很直接的影响。我们可以分析一下，为什么一个平时声名扫地或者销路不畅的产品，在低价促销时会有强大的人气？这恰好说明了，该产品在质量或者销售对象方面完全是合格的，正是价格的原因导致销量不高。然而较少的销量将会影响到这个产品讨论群体的形成，使其变得不发达，而讨论群体的不发达则会反过来增加商品在传播蔓延过程中的阻碍。因此，定价是该环节的一个很重要的因素。

2.把握消费者的心理价位

要弄懂商品的定价，该知名美容店必须明白这件产品自身的价值，只有这样才能把握得好尺度，也才能让买家信服产品的价格。每一位消费者对于产品都有一个自己的心理价位，如果商品的定价超过这个接受尺度，也就意味着该商品基本上就失去了顾客群。那么，制定这个心理价位的标准又是什么？消费者自身对此是没有客观定论的，更没有定价的能力，因为其对产品的认识仅仅停留在产品的宣传和价格上，缺乏一个标准去判断产品的价值。而没有标准就更要找到标准，这是所有心理活动里不可抗拒的一部分。顾客对于不熟悉的产品，只有利用同类或者是价值相当的产品来进行平行比较，进而确定定价标准。

3.积极引导评价及其传播

随着消费者心理价位的确定，商家可以在同类商品中选择平均价格的基础上进行定价。不要单纯地以为价格越低就会越吸引人，事实并非如此，消费者心理价位往往还会包含一个下线，当低于这个度时，就会对该产品的质量产生怀疑。这种情绪一旦出现，顾客就会随之提高所有的衡量标准和要求，并最终导致对产品的评价度下降，使低价产品失去市场口碑。因此，在定价时不能一味地求低，还要在适中的价格上进行调整，只有这样才能引导消费者在相对客观的态度下对产品进行评价。

消费者一旦对产品产生了评价，就会乐于与人分享，并创造出话题。再加上合理的价位，更会扩大第一批消费群体的规模。基数一旦得到扩大，那么传播的速度将会呈现出几何倍数的增长。随之而来将会是宣传速度、广度、深度的扩大，口碑也会越快建立起来。直到产品在市场占领一席后，其冲击市场的第一阶段也就大功告成，接下来就是稳定阶段了。

优惠也要有度

1.过度优惠将引发问题

在该美容店的产品初步拥有口碑后，也就意味着开始在市场上思考竞争对手问题了，在其对同类商品进行揣度的同时，对方也会对该美容店自身的产品进行摸底。在这个阶段，摸底的其他商家选择了降价促销，想用价格优势来打垮该美容店，却事与愿违。因为价格是一个极不稳定的因素，其他商家的降价只能在短时间内对该美容店造成威胁。在原材料的成本、运输、人工各种因素不变的情况下，单方面地去损人不利己，只会为自己招致灾难。并且，这种做法只会使整个行业在用损害自身利益来换别人更大的利益损害的氛围中，被逐渐边缘化，最后导致赖以为生的市场面临崩溃，所有商家一起消亡。

2.价格不稳定，损害消费者利益

对于消费者而言，频繁调价可谓是一个问题，例如在今天的销售价下购买者有三百人，而明天商家调整销售价而导致购买人数开始下降，于是再调整价格，这就会造成原来购买了该产品的顾客的一种心理障碍——觉得自己吃亏了。而这种怕吃亏的心理会引起消费者对于销售商家的消极情绪，并直接导致消费者的认同感降低，商家自身的口碑也会逐渐被瓦解。

因此，单纯依靠现在的市场调整价格的变化已经不合时宜，同样，单纯依赖一种手段来增加自身的竞争力、加强消费者的口碑也已经过时。而该美容店所做的不仅仅是价格上的战争，而更多的还是一种心理战的布局。其主要出发点在于如何在同等的价格的基础上取得胜利，得到消费者的信赖和赞许，增加消费者的基数，增强消费者的购买欲望。

3. "优惠"是门大学问

商品是否优惠不能单纯凭借价格的高低来判断。在销售者看来优惠的价格，或许对消费者而言就不那么优惠了。通常情况下，消费者判断一个产品是否优惠依据的是自己的付出能否获得超值的享受。其他商家的产品可能也有相同的功能，价格可能也差不多，而宣传的时候应该是把一个产品的功能分拆为数个项目，并分别对其作出细致的数据宣传，提高产品的优势和可信度。相对同类的价格减低促销、伤及成本和利润的手法来说，这种同等价位的超值享受就是一种最高层级的商品优惠，也更高明得多，更有利于在销售过程中建立起产品的口碑和可信度。有的时候，附加的价值远比起价格对消费者有吸引力。

商家一旦有了良好的附加值，就可以在展开话题方面有更大的发挥。优惠话题不单是对于价格这种表面的理解，还必须要深入到优惠中，并使得自身更能吸引顾客的注意，进而形成一个讨论群体。消费者在讨论过程中，不断总结出大量的结论，最终演变成又一个新的话题。也就在这种外力的作用之下，话题越来越多，然后成为一个风潮，在整个消费网络中成为中心。

消费者一旦购买某知名美容店产品后，就会在同类消费群体中寻求优越感，以此来得到炫耀的快感。消费者在付出相同的价钱后所得到的享受成了一个茶余饭后讨论的话题，并且永不休止，此消彼长，胜负难定。胜利者会在得到满足感后，更加肯定产品所带来的荣耀，而失败者则会转向购买胜利者所购买的商品。这样的一个攀比过程中，在产品上添加优秀的附加值能赢得最终的双赢，既得到新的顾客，还得到最好的口碑。

是什么使某知名美容店成为一个拥有优秀附加值的商品，并在同行中胜出呢？最直接也是最简单的答案就是，某知名美容店赋予消费者一个特定的权利，而这个特权通常是其产品售后的后续影响。

其实，消费者的攀比既是对于同类产品的一种比较，还是对购买产品之后获益大小的总结，这也导致了会员制度的流行。在顾客购买了该美容店商品之后，该美容店的服务中心就会自动在顾客的再次消费中进行打折。

对于消费者来说，如果自己的消费比别人享受同等服务的付出费用少，这无疑是一个特权级的享受。一旦拥有了特权级的享受，消费者就会更忠诚于该美容店的产品，并形成了一种良性的互动：一方面该美容店为消费者提供优惠，另一方面消费者为这些小优惠支付更多的钱。消费者因为害怕失去特权或者被别人超越而去消费，久而久之，就会形成一个自我催眠，认为该美容店的产品就是最好的。为了防止别人怀疑自己的消费观念，消费者会通过美化该产品来吸引更多的人去购买这个特权，并以此来证明自己选择的正确性。然而，随着特权阶级的扩大，消费者又会感到不安，于是又再通过更多的消费来获得更高等级的特权。这样就在无形中为该美容店的产品进行了宣传，促使其他人购买消费，而最终促使得到一定人数的上升，并在不同领域中得以传播。

就这样，正面的宣传和话题得以深入下去，而只有宣传和话题的数量到达一个临界点，消费团体中才会建立起某知名美容店的口碑，口碑也会随着宣传的增多而越来越好。另外，特权对消费者的诱惑又会让宣传者们不断去美化产品，使其正面形象得到良好的传播，负面消息也就随之消失了。

消费者害怕失去特权，害怕被特权的心理，将自己与产品牢牢地捆绑在一起。消费者在维护自身利益和特权的同时，也会不断地宣传产品，为产品树立口碑。越来越多的忠实消费者也就意味着越来越多的宣传媒介，逐渐增多的媒介也就意味着产品认知度的提升，而产品认知度的提升又将会把更多的消费者吸引来消费、购买特权。另一方面，这种心理还刺激着原有的特权阶级，不断促使其为维持自身特权而继续消费。就在这种制度下，该美容店大型连锁店发展迅速，由无到有，又由有到巨大化。每一位消费者都想被肯定，希望自己与众不同，而巩固特权使其在享受产品的同时，在更深层次上宣传产品的正面性。

第四章

如何以话题赢得口碑

口碑营销的模式并非一蹴而就的，它需要从各个方位和角度去探索。但是，既然口碑是一种口口相传的力量，那么话题在口碑的成长过程中就起到了不可或缺的作用。如何利用各种话题来塑造口碑，如何让话题转化为口碑，这都与话题这个"媒介"息息相关。

❖ 良好的购物体验能制造口碑话题

2006 年，加拿大咨询公司维德集团（Verde Group）曾做过一项研究，结果显示：从别人那里听说过他人经历的糟糕购物服务的人比那些亲身体验过这种糟糕购物服务的人更不可能走进这家商店。因此，每当意识到消费者产生了不好的购物体验，一旦不能够及时地消除，也就意味着这个人及其周围的人极可能不会再次光顾。一般来说，这个顾客会与五个人谈起此事。所以，不好的购物体验将会引起十分糟糕的结果。虽然一次好的购物体验只会为商家带来这位顾客的再次消费，也即是回头客，但一次失败的购物体验将会把这位顾客挡在门外。

宜家家居是这样的一家公司，当需要装修的时候，你会想到它；当想要收纳家居的时候，依然会想起它；甚至当你需要改善心情的时候，还是会想起它。它已经不再仅仅是一个消费的场所，更是一种情感的寄托。

宜家是第一家强烈鼓励消费者在卖场进行全面亲身体验的家具零售商，例如顾客可以拉开抽屉、打开柜门、测试家具坚固程度等，并首次向顾客介绍节能灯的好处。作为一家瑞典跨国家居用品大型连锁零售企业，宜家成立于 1943 年。从最初的一人邮寄公司发展成为遍布全世界数十国家，拥有数百家连锁店、数万名员工的大型跨国集团。每年，宜家都会接待 2 亿多位顾客，平均每年销售额年增长率达 15%，简直可以成为一个典型。

宜家的故事

1.让消费成为一种休闲

在宜家，总有一个服务理念贯穿始终："使购买家具成为快乐。"而这种快乐体现在很多细节上。例如在宜家商场布局和服务方式的设计上，尽量使其显得自然、和谐，让每个家庭到宜家购物就像是"出外休闲的一次旅行"。

导航与标识。很多大卖场并不会像宜家商场一样，设有路线图，顾客可以按提示逛宜家。这样给人一种逛街的感受，更可以让消费者能迅速找到目的地。宜家这样做相对其他商场故意让顾客绕远而言，更能帮助没有方向感的顾客实现购物。

五彩的设计。在宜家，总共使用的色彩也不过五种，分别是蓝色、黄色、红色、黑色、白色。在重大节日即将来临时，宜家更似沉浸在一片彩色的天地中。宜家在春节和情人节时候，将会推出"红色恋情""橙色友情"和"蓝色亲情"三种梦幻组合，将彩色的设计概念带给顾客们。

全面周到服务。通常，为方便顾客，宜家将商场都设在城郊地区，并另设有咖啡店、快餐店和儿童的活动空间供顾客休息用。当逛累时，顾客们可以到优雅舒适的宜家餐厅点一份饮料点心，稍作休息。并且，这些休闲场所并不以赢利为目的，而是想为顾客带去一次难忘的购物经历。

相比于普通促销方式，顾客更看重购物体验。企业的最终成败由销售终端竞争的成败所决定，而宜家所营造的情感消费氛围正是为了夺得最终的胜利。然而，很多企业并没有领悟到体验的重要性，更倾向于进行一次性的促销活动。而同时，宜家却把商场打造成优良的体验场所，为顾客带来良好的购买体验，并服务于每一位来店消费的顾客。放着进店的顾客不要，却花钱去促销，显然没有抓住重点。宜家除了为消费者带来舒适、安静、休闲体验，还为其开辟了一个思考的地方。置身于这么良好的购物环境中，顾客当然乐于体验各种有趣的东西，也就可能会勾起顾客的购物欲望，销售额也就能上去了。

2.质量为先

在很多购物场所，通常试穿是不允许的，包包也不允许试背，因为商家害怕在试穿或者试背过程中有损毁。但如果商品这么易坏，又有谁会去买呢？这一点上，宜家就显得很聪明，他们为顾客提供充分的购买体验进而向其展现了商品的优良质量。

产品质量优良。在宜家卖场，经常能看到这样的一句话，"拉开抽屉，打开柜门，在地毯上走走"。宜家发明了包括消费者免费使用产品、无条件退换、对产品进行破坏性实验等在内的"体验式营销"，为自己赢得了形象和声誉，并加深了消费者对产品质量的了解，得到消费者的信任和肯定。

别出心裁的检测。宜家使用的商品检测仪器非常的别出心裁。例如，在宜家的厨房用品区，出售的厨柜从进入卖场第一天开始就需要不断地接受测试，厨柜的柜门和抽屉不停地开、关，其可承受开关的次数通过数码计数器显示出来，据统计至今已超过 20 万次。相比促销员的滔滔不绝，用这种数据说话显得更真实且有效。

高风险的体验营销。宜家能坚持下来的原因正是为了给消费者提供良好的体验，并赢得消费者的信赖。事实上，产品质量过硬也是前提条件之一。公司鼓励顾客试用，获取顾客的信赖。可以说，体验式营销更容易被接受，也会使得顾客更乐于宣传该产品。

当今时代，以消费者为导向，只有为消费者着想才能获取竞争的胜利。凡事站在消费者日常使用的角度来思考，宜家的开发人员、设计人员对于宜家设计的产品是否符合消费者的需求，都和供应商之间进行过非常深入的交流，并做了十分详细的市场调查。最后，宜家还会邀请消费者对其进行体验，而良好的体验将会成倍地为宜家带来回头客。由此可见，宜家的成功并非偶然的。

除了售前和销售过程中需要保持热情周到的服务之外，商家还必须要重视售后的服务。很多企业正是因为缺乏这一环节，才导致了用户对良好的售后服务的期待。商家一个简单的回访就能为顾客留下深刻的印象，也能让其感受到来自企业的暖意。

因此，企业应该从现在开始完善自己的售后服务制度，创造出不一样的体验，为提升企业形象和塑造企业良好口碑创造条件。

如何带来良好的客户体验

事实上，很多企业都希望能够给客户带去良好的印象和购物体验，但往往无从着手，甚至事与愿违。

1.关注进店顾客

现实中很多企业的营销方式往往抓不住重点，例如盲目地投资新产品的开发，将更多的钱投入广告中，或者走到大街上拉人促销，与其这样做还不如抓住现有的客户。其中，最好的途径就是确保顾客第一次走进来时获得一种良好的购物体验。当然，一切积极推荐都是以优质的产品和良好的客户服务为前提的。因此，企业有必要从广告预算中匀出一部分资金以改善客户服务，并积极引导客户的口碑，最终实现口碑营销的积极效应。

俗话说的好：当机会第一次来时，你抓住它的脖子；第二次到来时，你抓住头发；第三次到来时，却只能看到背影。同理，当顾客第一次光顾，如果获得良好的购物体验，就会再次光临，甚至带来新的客源。但一旦第一次购物体验就是不愉快的话，顾客再次光临的可能性就不会高，向他人推荐商家的可能性就更低了。

2.从口碑中获取利益

美名和口碑并非商家能伪造出来的，因为只有用户的真实体验才能创造出口碑。就像是顾客在商场受到了不公平的对待并被广为传播，其后无论商家下多大工夫在广告上也难以挽回，因为成功并不在于朝夕间的宣传，而是来自商家的所作所为。当商家的宣传与客户的体验相符合并令客户感觉良好时，客户就会不断将商家如优质的服务、公平理性、坚守承诺等良好的品质广为传播。直到商家名副其实，消费者才能铭记于心并永远追随。

因此，只有从客户的体验中被提炼出来的才是真正值得信赖的口碑，并非通过单纯的广告浇灌和铺天盖地的宣传促销所形成的效果。商家只是需要偶尔在顾客购物体验上稍加注意，不仅可以留住现在的顾客，还可以引来其所带来的回头客。

那么，以下的几个细节需要很好地注意：

在装修上下工夫：在装修方面，为了营造良好的购物体验，商家不能舍不得本钱，一个有文化底蕴的公司给顾客留下的印象将是完全不一样的；而一个装饰舒适的企业，也会为顾客带来轻松休闲的购物体验。

人文关怀也很重要：商家对于顾客及其同来的亲友都要给予足够的关爱和帮助，从细节处着手，让顾客倍感关怀，感觉到来自商家的尊重。顾客通常会出于感性考虑去购买某些商品，因此，良好的服务和关怀更容易使其对企业产生良好的印象，并更能为其带来购买体验。

营造家的感觉：如果顾客在购物过程中感受到了家的感觉，自然会愿意带亲友来光顾。因为，家是人心灵的归宿，如果一个企业赋予其购物体验有家的味道，将不必为销量业绩担心。

❖ 如何让口碑话题持续更新

对于创意而言，话题的更新就是对其进行深化和延展。要清楚话题的含义及诞生条件。只有清楚有一些好的话题达不到预期的宣传目标的真实原因，才能针对弱势进行修正。那么，保持话题在市场上的流传成为选择话题和提供创意外的第三点重要事项的方法是什么？

保持话题的热度，正是肯德基的绝招。每当一个品种被市场消化完，却不受重视时，肯德基就会通过推出一个新品或者优惠手段来达到刺激市场的目的，使其成为快餐市场的领军人。当产品和优惠手段成为话题焦点，就会有人乐意去讨论哪种产品更好吃，并对优惠进行比较。不断蔓延的话题使肯德基再次重现在消费者眼前，多次成为舆论的焦点。

肯德基如何做到持续引起消费者注意

1.自订话题

通常说来，话题是指产品在出售之后所引发的一系列社会反应和市场反响，但这并不完全取决于销售者本身，还取决于市场和购买者的传播，销售者不能完全控制。然而在宣传中，不可控因素是极为不利的，因此，在一般的商家看来，其重中之重必须是将其转化为可控因素。

话题相对创意这样虚无缥缈的脑部活动，是即时产生的市场必然产物，因此，肯德基每推出一个新产品都对市场产生一次冲击，并产生一定影响。产品如果没有过硬的质量，对市场的冲击只会出现高潮阶段并迅速下滑，而肯德基就会利用话题再次把产品推向市场的前端。肯德基利用话题的流向，将话题的流通始终限制在相对的空间内，保持话题的本质不变。

肯德基一直十分关注流向问题，话题的特殊性导致了话题的流向本身不具稳定性，根本无法预测。因此，一旦在流向过程中的任何一个步骤出错或者出现偏差，话题将会变得无法控制。而即使宣传再好也可能导致最终的失败，只有肯德基能够掌控整个大局的情况下，不利的因素才可能成为克敌制胜的工具。

单凭这一点后，肯德基也无法完全掌控市场舆论。对此，肯德基的做法是把产品和优惠与前代的做法进行比较，让消费者在比较的过程中明晰两代产品的优劣，进而引导舆论的流向。肯德基是用产品去创造话题，用话题去引导舆论，而不仅仅利用自身影响力来引导舆论走向。

2.注意防范

任何企业或者个人都不能保证话题能够控制在特定空间体系中传播，在其更新和延展过程中，往往会受到来自各种方面的不利因素冲击。因此，必须要有对不利因素的防范意识，并在问题产生前迅速解决掉。而只有做好大量前期准备工作，才能在问题面前将负面影响降至最低。所谓的准备工作包括如下四个方面的内容：

首先，要有面对不利影响的准备。

其次，当不利因素诞生时，必须明白问题的严重性及其根源。

再次，在寻找出问题根源时有节制地使用市场具有盲目性的舆论系统，第一时间抢占市场的最高话语权，确保问题得到抑制的同时展开修补行动。

另外，一旦话题产生正面的冲击，必须利用这一优势进一步开拓市场。

在话题成功后，还应想方设法想出第二个相关话题，从而以第一个话题为基础展开联想宣传，并利用其进行市场空间拓展。

最后，必须做好相应的应对举措。无论是商家还是产品本身，必须明确对于话题冲击问题的重要性。因此，必须把每一个微型振动都视为一次市场地震，不能视而不见，也不能疏忽大意。

保持话题热度

1.话题不像产品那样没有时效性

话题本身就是一个不断在缩减的因素，在没有外力援助的条件之下，根本不可能发展壮大。并且，自我增值的功能对话题来说并不可能，因为其本身就是一个产品在市场上实现自我增值过程中的产物，而一个产品的附属本身是不可能产出另一个产品的。因此，可以说，话题不是产品也绝不可能成为产品，其本身就不具备产品属性，也缺乏自我增值功能，也即是意味着没有自我完善的基础。而在瞬息万变的市场的洗刷下，只要没有自我完善的基础的因素，一个话题无论如何优秀都会失去原有的光彩，被历史所淘汰。

2.把握时效三大要素，保持话题热度

因为话题不具备自我完善和自我增值的能力，因此，它是具有时效性的。而时效性的三个因素包括：市场趋向、市场主流和人为认知。

其中，人们往往把市场趋向同市场主流相混淆，但两者在很多概念的定义上是完全不同的。市场趋向主要针对的是市场的流向问题，而商品的需求则更多的面对消费者自身的要求。随着商品质量的不断提高，消费者对物质的需求不可能永远停留在一个层面上，会随之而逐步上升。一旦到了这个层面的临界点时，消费者中一些高端人士就会对现状表现出不满，并以此推动市场需求的形成。这时，新一代的概念也就诞生了，随后又被很快转变成实体产品，而短期内，实体产品的出现会将旧有的市场格局打破，并形成完整的大洗牌过程。话题的时效性就是在这个过程中诞生的，循环往复，永不停歇。并且，无论怎样的外力支援都不可能把一个话题的传播延续到下一个周期市场，而维持这个话题的持续性就变得盲目地辅助。因此，我们说适应市场进步的最好选择，不是紧紧地抱着原有的成就不放，而是在必要时创造新话题。

另外，市场主流指的是在大洗牌过后出现的新型产品取代旧有产品的过程，当市场上的旧有产品消失时，其主流地位也将不复存在。这时，优秀的话题又将面临着另一个转型问题——更新方向的认知和选择。话题的方向也要随着初期一味追求的宣传更新到对产品的稳定和质量的角度转移而有所侧重，不能固守成规。就在新型产品占领市场，新旧交替的过程中，话题的时效性出现了。而这一更新方向和产品的信息问题的决定，必须要在市场饱和、转入低迷期时作出。

最后，关于人为认知，即是指人类的大脑对一个信息的接收记忆问题。人的大脑在接受外界事物时通常会经历三个阶段：开始，在输入阶段，人脑对该事物的认知处于一个活跃时期，对事物形象的记忆达到最高峰，无需任何二次输入就能被人记住。接下来的是淡忘期，人脑会清理脑内残余的垃圾信息，很多原来鲜活的记忆会在此成长失去完整性，甚至于会被忘掉。这个时候，话题的二次输入就成了必需，换而言之，就是让接收者再次回忆起这个话题。其后，接收者将在长时间内不能忘却这个话题，进而使这个话题得以延长时效，进入第三个阶段。

因为肯德基很明白话题的时效性，不可能永远是公众讨论的焦点。而一旦话题失去了公众讨论基础的话，将不可能作用于自己产品的销售，也即是说就会让一个大好时机白白浪费掉。

因此，肯德基要保证好的话题得以最大程度地使用，必须保证话题能长时间在公众的讨论中成为中心。如果想要保证一个话题有一定的讨论群体，就必须始终确保这个话题的新鲜度，其中最好的办法就是将新元素加入话题中。

元素的添加并不意味着随意选择任意材料附加在产品上，而是必须符合市场需求以及公众的讨论能力范围。前者指的是产品话题的时效性问题，不同的阶段有着不同的市场对应话题。刚开始的时候，市场对于产品的需求主要集中在更新方面需求，话题数量随着软、硬件更新速度的增快而增加，而更新速度和质量也正是本阶段最主要的新鲜元素。目前市场上，追求更好更快是主旋律话题，因此，创意必须在这方面下大力气。

除了可以使产品在一段时间内成为讨论的焦点外，话题更新对于该产品的改良或者换代都是一个良好的宣传平台，并且近乎是免费的。口碑传播和网络舆论制造都不需要过多的成本投入，并且具有相当的宣传效果。在这种铺天盖地的宣传下，消费者对产品的认知程度得到极大的提高，如果选择这个时候更新产品的设计，将会起到事半功倍的效果。

在一段时间的市场替代、洗牌后，新型产品将会全方面地替代原有产品在市场上的地位。在市场已经趋向饱和的时候，消费者对于更新和变革开始出现审美疲劳，而产品在前期对更新的过多追求也会为市场埋下一个隐患——质量安全和稳定方面并不容乐观。

于是，市场上出现了越来越多的下述状况：消费者对产品的要求开始由快速更新转变成为对安全、稳定产品的要求。而此时，再对话题加入新时代的特色等过时的内容非但不能使话题得到优化，甚至还会对原有的讨论形成压力，以致负面影响的出现。这时，就需要舆论的转向：不再过多宣传新型产品，而是从产品的稳定性和耐用性、安全性等方面来进行重点推介。这样可最大程度地减少产品在一个市场反思期间所受到的冲击，并消灭前期所埋下的隐患。

在精英化的使用团体中的传播效果不如平民化的宣传效果，因此，应更多地使用常用词汇来进行介绍，并尽量避免使用学术性词语，保证通俗化，使得一般消费团体在讨论中能最大限度发挥作用。这样一来，就能消除话题传播的局限性，并尽可能占有公众的讨论空间，击败竞争对手成为市场主流企业。这时，口碑营销宣传的最理想效果也就随之而来了。

❖ 创造以顾客为中心的品牌话题

另外，口碑营销构成的基本因素之一是把握顾客的需求，以顾客为中心。美国的一家大百货公司纽约梅瑞公司在其购物大厅内设有一个很大的咨询台，主要负责为来公司无法满意购物的顾客提供服务。只要哪位顾客在梅瑞公司没有买到自己想要买的商品，就可以让咨询台的服务员指引其到另一家有这种商品的商店去购物，从而赢得顾客的好感。

从表面上看来，梅瑞公司的这种做法是在把顾客往外推，但就是这个"推"字，不仅为公司赢得了竞争对手的信赖和敬佩，还"推"出来了顾客对梅瑞公司的亲近感。消费者每当想要购物时，总往梅瑞公司跑。因此，随着慕名而来的顾客的不断增多，梅瑞公司也逐渐变得生意兴隆。

其实，梅瑞公司的这种"推顾客"行为也就是一种以顾客为中心、为顾客提供全面服务的口碑营销策略。在当今如此激烈的市场竞争中，价格战、形象战、技术战不断升级，梅瑞公司采取口碑营销的策略也算是一条为企业招徕潜在顾客的妙计。

在过去，消费者通常都会跟着企业的指挥棒打转，多数都是卖方市场。顾客很少有自己的判断标准，只要商家生产就会毫不犹豫地买下。

然而，随着多年消费经验的不断总结，消费者心中的判断标准发生了彻底的改变——其理性成分并没有多大的改变，但感性成分却变得更为重要。

对此，我们可以用"无领人士"和一个"白领人士"一天生活的对比来明白这一变化：

早起，白领人士被卡西欧钟表叫醒，无领人士被公鸡叫醒；

洗漱，白领人士用高露洁的牙膏牙刷刷牙，用吉列剃须刀剃须，无领人士用无品牌的牙膏牙刷刷牙，胡乱收拾出门；

午餐，白领人士去麦当劳、必胜客，无领人士自带午饭；

晚餐，白领人士到酒吧喝嘉士伯啤酒，无领人士回家做饭。

虽然这只是一则网络上流传的笑话，但品牌管理者一定要从中发现一个真理——这是由收入的差别，教育背景和文化差异所带来的价值观、消费文化上的差别，也最终造就了两个群体不同的生活和工作态度，这使得两个不同背景的消费者分别在各自的工作和生活中表现出了迥异的两种价值观。

这个笑话中，无领人士并非买不起吉列剃须刀和嘉士伯啤酒，只不过是因为其价值观和消费观告诉他们这是没必要的。无论使用怎样的刮胡刀，喝什么牌子的啤酒最终的结果都是一样的。

同样的，对于那些价值几百块的化妆品，小资女并不一定没办法消费得起，只不过是因为不愿意购买。在她们看来，只有出于天然才是对自己的肌肤最好。相反，某些月薪不足千元的打工妹可能宁愿节衣缩食，也要买上一件放在自己的皮包里，因为这不仅仅是一件化妆品，还是一种身份的象征。这正好表现了不同消费群体对同一件商品的，由不同价值标准决定的不同的选择。

所有消费者既然已经形成了一个以自我为中心的价值评价标准，并且一直按照这个标准来判断一个品牌的价值，因此，口碑塑造的重点所在就是坚守"以顾客为中心"这一原则，并从触动消费者内心的评判标准出发展开推广活动。根植于消费者的价值评判标准，密切围绕着消费者固有的价值观和消费观，有的放矢地为品牌总结出核心价值和有竞争力的诉求，最终打动企业的客户。

但直至今日，很多产品的管理者还是狂妄自大地做出很多错误的假设：

顾客还没有改变，很多人还是希望一个品牌为其提供一个共同的利益点；

顾客还是会被企业自以为不错的新功能而吸引；

顾客还是会轻易放弃自己的价值观和信仰，不顾一切地迎合企业所提出的某个价值取向。

正是因为这些假设，才筑起了一道牢固的壁垒。在其两端，分别站着牢守自己固有价值观的企业与顾客，而中间的沟通渠道几乎像"张飞斗李逵"一样的不着边际。这就导致了双方沟通的不便，一方面，企业还是自顾自地使劲投放广告，另一方面，消费者还是自顾自地坚持自己的观点。结果，企业浪费了成本却一无所获，消费者也是"宁缺毋滥"，最终空手而归。

因此，经常会出现这样的现象：虽然某洗发水品牌自顾自地呼吁"用了我的洗发水，美女立即对你刮目相看"，但顾客心中真正期望的是"如何才能拥有完美的社交形象"。虽然有的儿童服装拼命宣传其"是一种与众不同的健康童装"，但顾客却希望"让自己的孩子在成长过程中不断地变换形象，显得不那么单调。"同样，虽然某个品牌通过大规模的投放广告，试图借此告诉他的目标顾客自己的"档次"，但这只会让顾客感到遗憾，因为顾客们其实非常想在最能够感受到"有档次"或"有地位"的同时能够与这个品牌拉近距离。我们可以说，以上的品牌广告都"放错了地方"。

那么，怎样做才能避免此类现象发生呢？答案就在于企业必须建立以顾客为中心的市场反应机制，而这一反应机制必须满足以下的三点：

1.关注顾客的需求

什么才是顾客所需要的？什么才是品牌所必须要从顾客的真实需求中了解的？

例如，当顾客面对一包洗衣粉时，企业需要明白顾客到底需要的是一包可以洗干净衣服的清洁用品，还是要塑造一个贤妻良母的形象？又或者是其他目的？

正如同一个来配眼镜的人其实并不需要一副好的眼镜，而是得到好的视力，能够使自己的眼睛无论何时何地都能清晰明亮的解决方案。又或是一个中学生来购买一款最新款式的手表，其真实的需求并非换块表，而是向其他同学展示其品位所在。

再或者是，一个准备购买时装的女性并非是为了买一件衣服，而是想使自己变得更动人，而很可能是为了证明自己并没有被潮流抛弃，或者为了战胜工作和生活中的"竞争对手"。品牌管理者必须要清楚地明白顾客需求所在，才能未雨绸缪地提前勾画出品牌推广的蓝图，明白自己推广的最终目的。

2.懂得有的放矢

品牌的目的就是为了使其成为满足顾客需求的价值载体。

通常情况下，品牌面对需求层次和欲望愈来愈高的顾客，如果仅凭单调的功能很难打动对方，因为顾客的关注焦点早已从这个功能是否能满足我的需求，转变到了这个品牌的整体属性能否帮助我实现对某种形象的超越，或满足某种社会欲望。

又例如，顾客"希望这种酒不但能使我感觉自己更像一个有钱人，更希望它能使别人感觉自己的品位"，那么品牌管理者在开发产品时，不仅要从产品的品质感上着手，使产品看上去更能吸引人，并且还要从文化品位上下手，使得品牌使用者的形象变得与众不同。

从生活中我们也能找到这样的例子，顾客购买玉溪香烟并不仅是想让别人看到自己的消费能力，还希望透过消费玉溪香烟获得自己期望的价值感，给人以卓尔不群的印象。所以，奥美顾客关系行销公司开发出了专门针对玉溪烟的顾客的"玉溪卡"，只要持有该卡，消费者就可在许多地方享受 VIP 服务。

从某种意义上来说，中国移动所推出的"我能"看似仅仅在通过这个诉求提升移动公司强势的网络信号。然而，从更深层次上来看，这也是在向顾客推广一种开拓事业最不可或缺的自信。以上都是以顾客为中心的营销行为。

3.想顾客所想

事实上，顾客往往会像婴儿一样，虽然内心深处已经有了潜在的诉求，但可能由于自身感知能力的限制，或者表达能力的短板，并不能及时准确地描述出来。

这也就是通常情况下，当你去问顾客是否喜欢这辆汽车时，顾客肯定说很喜欢。但当你让顾客购买时，却不一定得到肯定回答。

为什么会出现这种情况呢？答案很简单，就是顾客说喜欢是因为他们基本上认可了这辆车的特点，但却无法表达出来自己的不满意之处。换句话说，也即是说顾客心中的某种需求通常就连自己都很难准确、清晰地表达出来。然而，这恰恰就是品牌的机会所在，如果能先于竞争对手满足他们的这些隐性需求的话，也就能赢得顾客的青睐了。

那么，我们或许已经明白为什么一些西式快餐厅无论从店面装饰还是食品口味都和麦当劳、肯德基相当，但是总得不到顾客的青睐了。这是因为麦当劳、肯德基并不仅凭店面装饰和食品口味来获得顾客满意的反馈，更是因为非常善于发掘和满足顾客无法明确表达内心的"关键时刻"。例如，随处可见的清洁讯息、经过精确设计的可口食品、为消除就餐时单个客人的尴尬所设置的面墙的座位等。

同理可知，当年丽珠得乐之所以能一炮而红，正是凭着这种超越顾客需求的技巧获得的。

只要我们稍微回顾一下当时的社会环境就会明白，女权运动正在蓬勃发展。然而整日奔波劳碌的男性却被当作服务社会的角色，很少有关心男性的话题出现。因此还会有人开玩笑说，那些歌颂亲情的歌都是"妈妈好"、"母亲颂"，却不见"世上只有爸爸好"入围？

但是，丽珠得乐的品牌经营者却反其道而行，将治疗胃病与关注男性这一社会问题联系到了一起，把握住了广大男性在意识中存在却无法准确表达出来的需求。所以，丽珠得乐一举赢得了广大男性顾客的追捧。

一个品牌如果已经做到了以上三点，那么，很幸运，因为它会发现自己已然拥有了一个"以顾客为中心的品牌"。同时，这家企业的这一品牌就会进入一个极佳的状况：无论面临怎样残酷的市场竞争，总是有一批对自己十分忠诚的顾客围绕在周围。

品牌管理者们必须要善于及时地发掘出顾客内心潜在的需求，并且及时地作出反应。这时，才能得到顾客由衷地赞叹，"这就是我所想的，虽然我无法表达出来，但是这个品牌为我实现了这个愿望"。

请谨记一点，那就是只有品牌讯息成功触发了消费者心中价值标准的敏感点，才会使其对任何一个品牌表达出喜爱。因此，品牌管理者们必须努力将品牌自身的价值观体系逐渐靠近消费者心中形成的以自我为中心的价值标准，并在深入理解消费者的同时，有针对性地获取来自顾客的有效讯息。另外，管理者们还需要在不断的接触和反馈过程中，不断地取得新的顾客知识，最终确定使用该讯息的最合适时间和地点，进而达到使顾客感到震撼的效果，真心诚意地向品牌表现出好感。

❖ 用免费信息引起顾客话题

通常，人们都更加关注"免费"的信息，那么，如果一个企业提供的很多信息都是免费的话，这将会引起很多消费者的关注，更能促成口碑的树立。

免费试用

"免费试用"指的是，当前很多商家所推出的，声称消费者可以不费一分一毫就可以免费享用某些产品或服务的活动。就以 DHC 为例，其采取了先试用再购买的免费试用装推广，使其一跃成为护肤品市场上的一匹黑马。DHC 提供体验式消费，通过让消费者免费试用使对方能体验到 DHC 的高品质，为自己赢得更多的可靠用户群。同时，DHC 还在自身强势产品的基础上，通过免费试用，让潜在的用户群体体验到了 DHC 的高品质，为自己增加了很大的自信，同时还开展了品牌体验营销，正可谓是一箭双雕。另外，这样做还能强化消费者对 DHC 的体验认知，从而很大程度上促成了 DHC 的口碑营销。在这次营销活动中，消费者只需通过电话或上网即可获取 DHC 免费试用装，还能在同时成为 DHC 的会员，无需任何入会费与年会费。而每月，DHC 都会向会员寄送《橄榄俱乐部》的杂志，向消费者宣传最新产品，以及健康专题、美肌教室、品牌故事和留言板等内容。

试想一下，在信息化时代的今天，通过免费试用将真正的服务提供给用户，等到其深陷其中，无法舍弃时，也就到了企业开始赢利收费的时候了。也正是利用"免费试用"这种传播方式，先把自己的产品和信息在更大范围内进行传播，然后在客户群体相对稳定的时候收费，逐渐将"免费试用"阶段暂时损失的利润收回来。

那么，现在的企业也无需顾忌免费试用所花费的成本，只需要关注其能为企业带来的传播效应。企业逐步取得客户的关注，在范围不断扩大的基础上，未来的利润问题也将不再是问题。

免费信息

我们经常会在邮箱或是手机上看到一些我们感兴趣或者十分厌烦的免费信息，但是我们往往不能控制这些信息的到来和内容。

"免费信息"相对于"收费"，会得到更有效的传播。因为消费者在获得产品信息之前，对此一无所知，不知道产品的性能、性质和效用。也只有在消费者真正了解到产品的这些功效的时候，才能真正做到辨别这些产品的好坏。然而，消费者对于一个完全陌生的产品，是不会愿意付费获取相关信息的。因此，"免费信息"也就起到了作用，它能够帮助企业的产品顺利地进入到消费者的视线，并能很快地将信息传递给消费者。

总而言之，企业为了降低产品传播成本，提高产品信息传播范围，不妨尝试一下这种传播方式。但有一点需要注意，现在大多数用户对垃圾邮件抱有极大的成见，甚至会一纸诉状将企业告上法庭，要求企业赔偿，虽然这也只是极端的例子。企业在运用免费信息方式进行营销的同时，只需要注意避免此类问题的出现即可。

免费娱乐

事实上，免费娱乐就是指给消费者一次免费体验的机会。通过这种低门槛的方式广泛吸引消费者参与其中，在不告知消费者免费娱乐之后所面临问题的前提下，先让其很好地享受，并产生依赖心理，离不开这种娱乐。到这个时候，企业就可以通过收费项目回收成本，收回利润了。

以中国移动公司的彩铃娱乐业务为例，只要消费者购买了移动公司的某个号码，手机能支持彩铃业务，公司就会为消费者免费提供一个月的彩铃业务。其后，消费者再决定是否继续使用这一服务，但继续使用是要收费的。然而，多数消费者在经过这一个月的免费娱乐后，对彩铃业务已经适应了，一旦缺少甚至还会觉得失望。这样一来，移动公司也就培养出了一定量的彩铃业务用户，通过花费一个月彩铃服务的成本就能为公司带来巨额的利润。

　　又如腾讯 QQ 游戏服务。腾讯公司的部分游戏是免费为客户提供的，但其功能显然没有收费区的丰富，甚至还会受到这样那样的限制。等到顾客适应这种娱乐服务后，就会逐渐变得对收费区服务感兴趣，也会愿意付费试用，就这样，QQ 收费游戏区的用户不断增多，其收益也不断增多。这也就是所谓的放长线钓大鱼，不计成本反而更能获益。

　　无论通过怎样的形式去提供免费娱乐，都必须紧随主题，为最终目的服务。要切记，免费服务只是一种手段，一种方便的传播方式。

❖ 让口碑话题更有效传播

早年的成功营销案例中，巨人集团史玉柱的"今年过节不收礼，收礼只收脑白金"无疑是一个经典。在创意构思阶段，话题创意者很难想象，这样一个对很多人来说粗俗且缺乏创意"气质"的广告竟然会在一时间成为消费者争相传播的话题。

就在这句"今年过节不收礼，收礼只收脑白金"广告语作为一种搞笑语流行的时候，这才引起那些还在致力于想出一套既有内涵又富有教育意义广告语的创意者的注意，不得不重新审视这个烂俗且毫无技术含量的话题广告，不禁感叹史玉柱在营销方面真可谓是奇才。

史玉柱独家营销方式

这个曾被认为是年度最恶心的广告创意，在后来却引起了一股强烈的流行语潮流，其原因在于运气，还是恶搞？事实并非如此，这是专业创意策划的结果。现实中，很多专业人士出于形象的需求，不会随便让自己的产品沦为笑柄。但结果证明，只有不吝啬让自己变得可笑，才会成为成功的典型。其实，"脑白金"的广告话题创意完全满足了广告创意四个条件。

1.准确的目标

无论你的创意多么精彩，其最好的衡量标准都是被人关注。因此，创意者进行创意策划首先必须要明白受众目标所在。关于这一点，"脑白金"广告的目标定位相当精准——送礼。在中国，送礼是一件再普通不过的事，甚至可以说是中华民俗文化的一个特点。自己可以吃不好、穿不好，但在逢年过节或者求人办事的时候，却一定要送礼。虽然史玉柱明知国人不喜欢服用保健品，但却喜欢在特殊节日向老人和亲戚赠送保健品。所以，他认为将目标定在送礼这个环节一定没错，并将创意目标锁定在送礼群体上。同时，他还加大对广告的投入，使脑白金果真成为了当年在各大超市礼品柜台随处可见的畅销品，也成为人们送礼必备的物品。

2.争取关注

广告的目的就是为了得到更多人的关注，吸引更多消费者的注意，并能在消费者心目中留下良好的印象。而在越来越讲究拍摄技巧和画面精致性的广告中，脑白金凭借卡通形象横空出世，以此做到了与众不同，让人耳目一新。然后，史玉柱创造了"送礼就送脑白金"这一通俗易懂的广告语，方便重复宣传，进而更好地传播了这个广告的形象。也就是这样的眼球效应为史玉柱带来了口碑。

3.引起共鸣

中国人有过节送礼的习惯，希望通过这一方式来表达感情和建立人际交往。而这则广告中，将孝敬父母、尊敬长辈、关爱老人等一系列在中国社会中已经刻下深厚印记的感情习俗都表达了出来，并引起来自受众的共鸣。

4.简明扼要

简明扼要的创意才更容易被消费者记住并传播，而真正好的广告创意就应该是简明扼要的。史玉柱的"脑白金"就很好地做到了这一点，不仅是卡通的广告画面、简单的舞蹈动作，就连脍炙人口的广告词都容易被消费者所牢记于心。

出其不意

话题的独特性在于，它有着特立独行的特点，也正因为如此，才能引来大家的关注。每一个创新性话题就好似一场风暴，必然会引来观众褒贬不一的评价，这时，话题可能就已经跨出了成功的第一步。

一个话题一旦被制作出来后，一直处于默默无闻的状态，也就意味着没有任何话题效应，更不要说口碑效应。这就表明，这个话题是一个失败的话题。因为从严格意义上来说，这个话题并没有得到大家的关注。

所以，才会有人说，企业的口碑营销本身就是一件出其不意、克敌制胜的事。企业在创意策划过程中，应该认识到，自己不能墨守陈规，固执地用传统标准去衡量一个话题创意成功与否。其实，企业也没有必要对话题创意中不合常理的地方过分敏感，认为这是对品牌形象的愚弄和贬低。总而言之，这种想法只会将大量优秀的创意扼杀于摇篮中，错失口碑营销的商机。

由此可见，要想做好口碑营销，必须要遵守一个原则，那就是出其不意。

如果想要一件事被大家迅速传播开来，必须要使其具备一些像是猎奇、幽默、有利可图……这样的可以引起他人兴趣的要素。而成功的口碑营销要创造出有效话题，以下五种要素是必不可少的。

1.借东风

如果一个话题能够成为街头巷尾茶余饭后的谈资，必然是一个社会热点。而通常情况下，只有那些由自然规律、政策法规、突发事件等因素引起的话题才能够成为社会热点。因此，企业要想让自己创造的话题成为社会热点的话，就要学会以小博大，善于利用热门话题帮助自己实现目的。

2.利益相关

一个人之所以对一个话题感兴趣，最主要是因为这个话题与自己"利益"相关。消费者是否会关注企业话题，从根本上来说，取决于话题是否与自身利益相关。所以，口碑营销要求商家以利益为纽带，将传播的内容与目标受众建立起直接或间接的联系。在中国市场上，这一点尤为重要。其中，最为成功的案例还包括掀起中国选秀热潮的"超级女声"，它的策划成功将利益主体与传播者联系在一起，使参赛者不仅自己关注、参与其中，还会主动邀请亲朋好友来关注、参与，并产生强烈的话题倍增效应。

3.推陈出新

在这个信息爆炸的互联网年代，陈词滥调已经越来越难以引起人们的关注了，甚至失去了原有的生存空间。随着信息获取渠道越来越多，信息的获取越来越便捷，消费者对于传播产品信息的媒体、广告，甚至新闻，都产生了极强的免疫能力。换句话说，消费者对这样的传播套路已经厌倦了，并产生了审美疲劳，这最终会导致其抛弃传统传播方式。

所以，商家只有不断创新，推出新颖的口碑传播内容才能吸引住大众。例如，海尔CEO张瑞敏砸掉76台冰箱这一新闻曾一度成为大众关注的热点话题，而这也导致了一时间，海尔品牌的口碑得到了广泛传播，并因此获得极高的赞誉。然而，其后也有其他同行业商家效仿这一做法，但再也无法产生这样的效果。总之，创新才是口碑营销存活的最佳途径。

4.具有争议性

一个话题，不仅要能够引起兴趣，还需要本身存在争议的矛盾点，能被传播者一直谈论下去。因此，只有具有争议性的话题才更容易引起广泛关注并得到传播。然而，争议的矛盾必然存在正反两面，其常常会带来一些负面的影响。而这也就要求，企业在口碑传播过程中要把握好争议的度，尽量使争议能够平衡正反两面的意见，并对商家产品产生积极的效果。

5.具有私密性

从心理学上讲，大众对于私密话题有着出乎意料地强烈兴趣，越是私密性的话题就越能引起大众广泛、强烈、持久的关注和讨论。并且，这一点在世界上的很多著名真实事例中已经得到了证实。英国一个学者曾做过一项有趣的实验：他将一个隐秘消息透露给了两位邻居，说早上一只怪鸟在自己家的庭院产下了一枚巨大的绿壳蛋。同时，还要求这两个邻居保密。但结果却出乎学者的意料，不到一个小时，就有人在街上议论这个事情。不到两天时间，这件事在小镇上已经变得家喻户晓，尽人皆知了。

对于私密性话题，商家无需刻意传播，大家就会想方设法地主动去散布消息。因此，如果将一个话题加入私密内容的话，往往成为口碑营销传播方式中最有效也是最有趣的一种方式。然而，商家千万不要故弄玄虚，让受众觉得自己被愚弄，否则其所带来的结果也将是灾难性的。

❖ 拓宽口碑传播范围，提升影响力

正如前所述，"酒香不怕巷子深"的年代早已一去不复返了，在残酷的市场竞争环境中，哪怕产品再好，如果没有好的推广，也不会在市场上大受欢迎，赢得一路长虹。

那么，如何去维护企业的品牌形象，拓展口碑传播的范围和影响力呢？这是一个困扰着每个营销策划者的难题。

下面为你提供一些参考意见。

在销售方面，你可以从以下三个方面做起：

1.重视广告创意

对此，前文已经有详尽的叙述，就不再赘述了。但有一点必须明白，虽然广告传播一直是宣传产品和品牌形象的重要手段，但是随着营销形式的多样化以及广告传播受众的辨识能力提高，创意者必须更加重视宣传广告的创意创新。

2.终端形象强化

一方面，销售或服务终端是展示产品和企业形象的最直接途径，另一方面它们也是重要的与顾客实现沟通并促成购买意愿的方式，地位可见一斑。关于如何强化终端，一般分为软性和硬性两种方法。软性主要是指通过提升一线销售员的业务技能和业务素质来实现产品形象和品牌面貌的优化，而硬性则主要是指通过把表现企业优秀的产品排面、精致的堆头以及通过海报招贴、吊旗、地贴等宣传物料组合在一起，达到建立并突出产品终端形象的效果。强化终端形象最终的目的在于，通过软、硬终端两方面的配合，使企业的口碑得以拓展，品牌形象得以改善。

3.促销方式恰当

不可否认促销既是吸引顾客、营造口碑、提升产品销售的重要手段，也是展示企业品牌形象的重要方式。例如近年来欧莱雅公司开展的校园义卖活动，主要针对在校学生进行爱心义卖活动。这样一来，一方面宣传了欧莱雅热心慈善的形象，另一方面也拓展了欧莱雅产品在校园的市场，最终为自己赢得良好的口碑，并成功提升了产品在消费者中的好感度。

在服务方面，可以借鉴以下的成功做法：

伴随着激烈的市场竞争背景下服务营销地位的日渐上升，从售前、售中到售后的服务水平都直接影响着企业的产品和品牌形象。因此，企业必须借鉴如下几个事例，以避免竞争中的失败。

例如，家乐福超市收银员必须做到"微笑挂在脸上，效率握在手中"；

海尔手机提出并坚持的"10分钟满意服务"；

海底捞提供的"地球人拒绝不了"的服务，在消费者中赢得一片赞誉，也凭借着良好的服务在餐饮行业打下一片江山。

除了上面的两个方面，在其他方面你还可以这样做：

1.公益推广

企业通过公益活动，非但可以借助报纸、电视新闻媒体的宣传对产品及品牌进行免费推广，还可以使得产品和品牌知信度、美誉度得以提升。例如2013年四川雅安地震发生，华为在捐款的同时，还援助灾区通信设备。通过公益活动，华为不仅为自己塑造了公益企业的形象，还向消费者们展示了强大的科技研发能力，无形中又为自己做了一次良好的宣传。

2.善于借势

巧借东风指的是，企业通过关注社会上的各种事件，联系自身产品，并及时挖掘出进行营销的机会。例如各大运动会的赞助商，每年各品牌"三一五"的宣传活动，在成功博得眼球的同时，还成功将自身产品与热门事件联系在了一起，拓展了自身的口碑传播并提升了品牌的形象。

其实，在口碑营销过程中，企业通过事件进行口碑传播，往往能达到出人意料的效果。相比于广告和其他传播活动，事件营销能更高效地为企业创造口碑效应，并且对拓展企业口碑传播范围和提升企业品牌知名度都有着无可估量的推动作用。

❖ 获得口碑证明，反促话题传播

消费者之所以购买某件产品，是因为它能在某些方面满足消费者特定的需求，这个需求可能是功能方面的，也可能是情感方面的。通过外界的给予或者自我感觉的获取，消费者最终产生了信赖。因为大量存在的产品信息，和信息的不对称以及直接或者间接获得的不愉快的购物经历，这些都使得消费者只有在得到来自外界支持的情况下，才选择购买产品。换句话说，只有在外界的支持下，消费者才可能完成购买和使用行为。

因此，要赢得消费者良好的口碑就必须建立消费者对产品的信赖感。消费者对产品的信赖包含两个方面：一是对产品功能的信赖；二是由情感引发的信赖。

那么，如何才能赢得消费者的口碑证明呢？方法如下：

专家证明：通常，产品的某方面功能可以通过专家作证得以成立。当前的很多产品都是采用这一方式来进行传播的。以一些含特殊成分的产品为例，消费者对于这些"专业"的成分及其功效并不会十分理解，在专家的"点拨"下，消费者就会变得更容易信任产品。而采取专家证言的方式，其重点在于消费者对于专家的信赖感。或许，在销售中商家可以采取象征式的手法进行宣传，但在销售现场就必须要明确到场专家的身份，使消费者信赖这个专家。

销售者自证：消费者的决策将会受到来自销售人员对产品的介绍及其行为举止态度的影响，并且，除了企业自身的销售及促销人员外，甚至连企业的其他工作人员，包括销售渠道中的相关经营者、营业员等也会对消费者产生影响。当消费者在购买的过程在两三个品牌之间犹豫不决，或者对产品的某方面功能持有疑虑时，卖场的营业员或零售店业主的推荐将会对消费者的选择有帮助。然而，并不是任何情况下销售者对产品的证言都是有用的。有的情况下，因为购买者对销售人员身份和推荐动机的猜测，可能会适得其反。所以，产品销售人员应该明确自己的身份、尊重消费者的选择权、关注自身形象和言谈举止，并综合运用各种宣传方式，最终佐证销售或导购人员的话，促成销售活动的完成。

使用者传播：购买者对于一些购买风险相对较高的产品，总是会希望能从产品使用者处获得相关使用效果的信息。在一定意义上，在日常生活中，通常使用者的证言属于口碑传播的部分。在电器产品销售过程中，一些购买者可能会咨询自己所熟悉的邻里或朋友，询问相关使用体验。通过使用者的描述，很多愉快和不愉快的使用经历都被传递给购买者。所以，商家可以根据产品属性对产品品质及售后服务品质等进行加强，从而促进使用者能为其他人提供正面的咨询信息。

实际上，产品的使用经历最直接影响到消费者将来的购买选择。例如免费派发洗发水的试用小包装，免费品尝红酒，免费品尝和派送方便面，这些都是通过使用来促进销售。在这个环节，商家通过营销手段促进购买者准确认知、认可并信赖产品利益或消费者使用利益，进而将该品牌在某方面的独特利益或感受传达出去。

明星代言：商家通过影像或者平面广告以及互动活动等形式，将明星、产品、消费者联系在一起。邀请明星为产品做广告，与明星联合展开公关活动，利用明星的知名度促成消费者对产品的信赖。并且，商家还可以借此来迅速捕捉消费者眼球，通过明星来博得消费者对产品的关注度，并迅速树立起产品及品牌的市场知名度。但这也并不是百利而无一害的，明星的负面新闻也同样会为产品带来不利的影响。所以，商家必须谨慎选择明星代言。

权威机构证实：例如国内使用的 QS（Quality Safe，质量安全）标识，"ISO9001"认证等都是由权威机构监督并证明产品质量的表现。又如，钻石类产品会采用由权威检测机构出具的钻石成分证明文件来证实其已经通过权威机构的检验，消费者更信赖这些消费者协会颁发的证书。

事实证明：一件产品因为在某个事件中的独特表现，或参与某个非常重大的事件，使其某项独特性能得以被证实。就像是，太空产品的核心成分是在随着太空飞船进入了太空的过程中所产生的结果。

情感证实：在对产品或品牌的体验过程中，消费者会提供以下情感体验：

实际体验所带来的情感体验。如飞机上体贴入微的服务、五星级酒店里亲切和温暖气氛等，消费者通过实际的产品使用而获得情感利益，从而对提供者产生信赖。

与品牌沟通所带来的情感积累。如消费者参与某些品牌的公关活动以满足自己的社交需求，进而产生对品牌的信赖感。

长期的品牌和产品体验所带来的感情积累。消费者在长期的体验中产生不能割舍的情感，并使之成为生活中或生命中不能割舍的一部分。

场景融入所带来的情感积累。如憧憬、怀旧、浪漫等情感，让消费者与品牌或产品之间的距离感消失，产生对品牌的喜爱或依恋，进而促使其为产品证言。例如，在某婴儿营养粉的广告中，健康活泼的宝宝吸引了女性观众注意力；又如在某巧克力品牌的广告中，商家营造了一个情侣之间相互关爱的浪漫情景；再如，房地产商家提供的样板间及样板景观，使购房者产生对未来生活的憧憬和向往。

身份感所带来的情感积累。某些品牌具有某种气质并能为消费者带来某种身份感，就像别克拥有中国式的"大气沉稳"气质、万宝路拥有男子汉的旷达豪迈气质等。

对比证明：创意者可以通过比较产品使用前后的差别，展现出消费者使用后靓丽自信的形象。在洗发水的广告中，通常会使用这种手法：利用未使用时发黄的头发和使用后乌黑亮泽的秀发进行对比，从而达到宣传的效果；利用未使用时有头皮屑或不易梳理的头发和满是自卑的情绪，与使用后全无头皮屑、一梳到底的秀发和充满自信的神态相对比，显得更具吸引力。

品牌证实：品牌证言能证明同类或相关技术背景下的产品在某些方面表现优良。一个优良的品牌会使消费者自然产生优良质量的印象，因此，消费者会自然以为该品牌的所有产品都同样拥有优良的品质以及良好的服务，这就是品牌的证实作用。以海尔品牌为例，从家电产品的冰箱、洗衣机到电视机、电脑，其在消费者心目中留下了家电专家的良好印象。当然，如果新老产品之间不具备内在的关联性，品牌的证实作用也就会被削弱，甚至可能会适得其反，就好像脱毛膏品牌不能成为洗发水品牌的品质证实一样。

产品演示：商家可以通过演示的方式来证明产品的品质，以获得消费者初步体验后的认同。就像商场里常见的用喷气熨斗现场熨平皱巴巴的衬衣，还有房地产项目在期房销售阶段所营造的实景景观、运动会所、样板间以及模拟社区三维动画等，这些都为消费者带来预先对商品的感受和体验。

形象代言：产品品牌通过良好的视觉识别形象使消费者将其与外包装等同视之，都产生好感。其中，视觉元素如标志、色彩、图案、设计等，会使消费者出于对外在包装及形象的喜爱而选择拥有该包装的产品。

所以，营销者必须要更好地把握消费者的审美水准和对美的向往。以麦当劳为例，其不仅销售汉堡，还包括其金灿灿的"M"、具有童话色彩的麦当劳叔叔和国际化形象，以及具有强烈人文文化特征的店面装潢。可以说，麦当劳一旦失去良好就餐氛围和形象体系的支撑，也很难取得今天的成就。

反向证明：方向证明的目的就是使消费者意识到不使用某产品可能会导致某些方面的不利，并为避免该种不利情况而选择使用该种产品。例如某钙片所采用的恐吓式广告法，广告中不断地向消费者灌输一种理念，那就是如果青少年或中年时期不趁早补钙，老之后会腰酸背痛腿抽筋……这种方式就是通过向消费者描述某种不良结果而促使其购买特定产品。当然，这种方法的使用应该尽量避免引起消费者的逆反心理。

第五章

关注顾客反馈，定位细节口碑

俗话说：细节决定成败。企业在激烈的市场竞争中，通过细节赢得了客户群的赞赏和良好的口碑。无论是与顾客搞好关系，还是创造企业传说，或者是塑造企业文化内涵，再或是研发创新产品，最终的目的仍旧是通过自身的独特性来获取消费者的认可，并实现口碑效应。

❖ 细节决定企业成败

　　企业的发展不在于每年的营业额多少，也不在于员工的多少，更不在于企业占地面积的多少，而是在于由很多细节所展示的企业的精神面貌和文化积淀。

　　大型连锁快餐集团麦当劳，分店遍布全世界，主要销售产品包括汉堡包、薯条、炸鸡以及饮料等。这家遍布在全世界六大洲百余个国家的连锁餐厅，成为了一种美国式生活方式的代表。而麦当劳早期在中国大陆的译名是"麦克唐纳快餐"。

　　同时，麦当劳还在世界各地根据当地人不同的口味，对餐点进行适当的调整。并且，大多数麦当劳快餐厅都为消费者提供方便的柜台式和速式快餐服务，顾客不用下车就可以享受快餐。这样的服务允许顾客驾车在门口点餐，然后在出口处取餐。当然，麦当劳还提供室内就餐，甚至还会有室外座位。

　　也就是因为麦当劳的这种无微不至的服务，让顾客感受到了来自企业的关怀，进而逐渐传播开来，并形成良好的口碑。

麦当劳吸引力的来源

1.提供高品质的产品

　　企业不仅要重视后续销售中的服务细节，还要重视生产过程中的细节问题，因为产品才是口碑最基本的保障。事实上，麦当劳通过提供高品质的产品，成为了消费者口中的好评商家。其中，麦当劳为了确保汉堡包的鲜美可口，在细节上精益求精，处处追求完美：

面包必须保持入口最美的大小，直径均为 17 厘米，气泡直径全部为 0.5 厘米；

对于牛肉食品，有超过 40 项品质检查标准；

牛肉饼的重量必须保证为 45 克；

从制作到出炉，汉堡包的制作时间必须严格控制在 5 秒钟内；

保证每个汉堡包净重 1.8 盎司（约 51.03 克），限制洋葱的重量在 0.25 盎司（约 7.09 克）内；

在汉堡包出炉超过 10 分钟，以及薯条炸好超过 7 分钟后，一律不准再售给顾客；

与汉堡包一起卖出的可口可乐必须保持最可口的温度——4℃；

柜台高度必须保持在使绝大多数顾客付账取物时感觉最方便的高度，即是 92 厘米；

不让顾客在柜台边等候超过人与人之间情绪焦躁的交界点，30 秒。

从原料供应到产品售出，麦当劳无时无刻都遵循着严格统一的标准、规程、时间和方法，无差别地向全球各地的顾客提供品质相同、鲜美可口的美式汉堡。正式通过生产环节的细节中，更可以看出麦当劳对消费者的态度和责任。通过一个个细节，麦当劳为自己打造了良好的客户口碑。

2.提供周到的服务

麦当劳作为餐饮零售服务业的领头羊，一直将服务放在第一位。在其成立之初，麦当劳处在美国快餐业快速发展的年代，面临着激烈的市场竞争，但脏、乱、差却一直是快餐业发展过程中一个普遍存在的问题。

为了改变这种状况并使麦当劳能在卫生方面一枝独秀，克罗克用尽了各种办法。首先，确保食品、饮料清洁卫生，严格管理餐厅落实对清洁卫生的标准；其次，保持环境整洁优雅，餐厅内外的窗户一定要保持整洁，员工穿着仪表整齐，洗手间也始终保持干净清洁，保持空气无异味。

为此，麦当劳还制定了严格的标准，并通过严格的训练将工作人员培养成具有良好卫生习惯，眼光敏锐、手脚勤快的服务员。只要顾客一走，工作人员立马就要清理桌面和地面，不放过任何一片残渣碎片，保持顾客用餐环境的卫生，使顾客能够放心又愉快地用餐。

事实上，经常能在麦当劳看到例如领导带领员工一起擦洗地板，赠送没带伞的顾客塑料袋等情形，这些都体现了麦当劳对顾客的真诚服务的理念。正是通过这一系列的细节，使顾客的心感受到了温暖，也使其更乐意将这种优秀的企业口碑传播出去。

虽然每个企业都明白服务的重要性，但是在提供服务时，总是会有很多让人感到尴尬或者不满意的情形出现。并且，顾客总是不能从服务的过程或者结果中感受到来自企业的诚意和满足。究竟是什么原因导致的这些现象呢？中国台湾的经营之神王永庆描述服务精神的一段话给出了答案，他说："决定一个企业兴衰成败的因素固然很多，但归根结底无非是'人'的问题，一个人的立身处世、做事为人，小焉者关系家庭幸福，大焉者关系国家民族的兴亡，其对于企业之影响亦然。人生以服务为目的，个人所以能够生存是因为旁人给我服务，于是我也需要服务他人。"

细节管理带来良好的口碑

差之毫厘，谬以千里，一个小细节往往可能就会导致最后的失败。一步错，步步错，因此，企业决不能忽视细节。可以说，细节就是区分成功者与失败者的重要标准。其实，无论在工作中，还是在生活中，人的能力本来并不存在很大的差距，重点还是在于对细节的重视程度。

细节对于企业而言也同样重要。企业要想得到良好的用户口碑，并在此基础上稳步前进，就必须更加关注细节。不然，哪怕是一件极其细微的事件都可能演变成重大的危机。企业只有完善每一个细节，才可能在细节上取胜。就像是以创新意识著称的海尔集团总裁张瑞敏曾经说过的那样："创新存在于企业的每一个细节之中。"对于成功企业来说，并不存在任何秘诀，通过对世界500强企业的仔细分析，每个企业都十分重视完善细节。并不是一个伟大的理想成就了一个成功的企业，而是细节为企业带来了真正的发展动力。成功的典型如可口可乐、麦当劳等企业，都将细节做到了极致，也就能够在消费者中赢得不错的口碑。相反，那些不注重细节的企业必然不可能得到消费者的好评，也就很难得到良好的口碑和最后的成功。

曾有一位在英国公司担任总裁的企业家说过："提到为顾客服务，这是个最根本的问题。对此无人质疑，我也从未对此有过怀疑。但是，服务，显然是要精益求精地去为消费者服务。"由此看来，企业只有认真打造每个服务细节，才能依靠良好的口碑在时代生存下来，由细节取胜。

1.产品中的细节

企业在产品生产过程中，必须要注意把握细节，与顾客一起分享生产过程中的每个细节。具体方法如下：让顾客参与到产品的设计过程中来，允许媒体参观整个生产流程，邀请专家为产品设计提建议等。总之，就是需要让第三方来为自己产品的生产每个细节来作证，从而取得消费者的关注，并为树立良好的口碑奠定基础。

2.服务中的细节

企业有着各种各样的服务内容，其中的细节也会有着千差万别，但是总的来说，都可以用时间阶段进行分类：售前服务、售中服务、售后服务。其中，售前服务人员必须要积极服务，而售中服务人员就需要周全服务，售后服务人员则需要主动服务，三者相互辅助、缺一不可。直到完美的服务形成体系后，也就自然会产生良好的口碑了。

3.给顾客赠送产品、礼物或服务

通过赠送产品、礼物或者服务等方式，企业可以让顾客得到实惠后向朋友宣传，起到宣传产品的作用，这也是口碑销售的细节运用方式之一。

正如前文所述，赠送产品可以分为有形产品与无形产品两种。通常情况下，有形产品指的是赠送产品、广告礼品等实物，而无形产品则是指赠送信息、服务等无形物品。无论赠送的是何种产品，其最终目的都是诱导消费者。通过培养受赠者对产品的忠诚度，利用其将口碑在更大范围内进行宣传，提高产品及品牌的知名度，最终实现销量的增加。

拿人手短，受赠者通常会因为接受礼物而乐于向别人展示自己的所得，宣传产品和品牌，并鼓励他人也参与其中。只要充分利用受赠者的这一心理，都能得到令企业满意的口碑宣传效果。

❖ 服务就要从搞好客户关系开始

创造良好口碑的关键在于服务。之所以开展服务营销，就是为了通过优质的服务树立消费者的口碑，不仅要让使用过产品的顾客在消费人群中不断宣传产品，增加产品客户群体，还要尽量让顾客的忠诚度长期保持下去。创意者不仅要通过为顾客提供最周到的全程式服务来获取消费者的认可，还要使顾客能用增值服务、差异化服务、创新式服务等来向他人炫耀。

通过高质量的服务赢得口碑

虽然每个企业都深知"顾客就是上帝"、"以消费者为中心"、"百分之百为顾客服务"等的重要性，也在竭尽全力地提高服务的质量，但很少有企业能够坚持下去，也没有很多企业能够做到每次都能让顾客满意。

企业只有踏踏实实、真诚地为顾客着想，提供无微不至的、质量较高的服务并以此得到消费者的认可，才能赢得顾客的好口碑以及持久的忠诚度。出于市场经济背景下的现代市场，是买方的市场，消费者不笨，企业任何投机取巧或欺瞒的行为都会失去顾客的信任，从而影响到企业的生存。

一般情况下，高品质的服务主要通过如下几个方面表现出来：

1.服务环境

主要表现在服务的具体环境、设备、管理能力、员工的技术水平以及服务标准等方面。而保证服务质量的重要先决条件则正是这些场地、设备以及进行服务所需要的一切客观条件，也即是服务的环境。

2.服务行为

服务行为主要表现在工作人员的态度、仪表、语言、行为、对本职工作的忠诚、对顾客的热情以及合作精神等方面。

3.服务理念

指的是企业向消费者所提供的服务及其原因所在，包括企业所制定的服务的理念、方向、范围、程序、时间、价格等方面。

4.服务情感

服务是对人进行的活动，只有诚心的服务才可能更好地进行沟通、互动，也才能得到信任，使消费者感受到来自企业的重视，在心理上获得满足。

IBM 为顾客服务制定了这样的理念：不以技术，而以顾客、市场为导向。其中，有一个典型的事例。IBM 公司曾遇到过这样的事，一次亚特兰大拉尼尔公司资料处理中心的计算机出了故障，IBM 就派维修人员从各地赶到。IBM 为了解决问题，特定请来了 8 位专家，其中超过 4 位专家是来自欧洲的，另一位则来自加拿大，一位来自拉丁美洲。由此可见，IBM 对服务客户质量的重视程度很高。

又例如，麦当劳、肯德基凭借着优质的味道和服务，享誉全球。其实，企业只要在上述四个方面做出很优秀的成绩，就可以称其所提供的服务为高质量的服务。有了高质量的服务，企业就不愁顾客的好口碑及其对品牌的忠诚度了。

在全世界上拥有良好的口碑的迪斯尼就视口碑如生命一样重要，这一点从其完善且周到的服务中就能看出来，例如每位迪斯尼的员工都是大乐园的活地图，每位迷路的消费者都可以找到工作人员为他们指路。迪斯尼在员工培训方面，甚至将抱婴儿、换尿片、对客人微笑、倒酒、上菜等方式都纳入其中，其忠实自然地将体现内心感受的服务呈现在客人面前，得到了顾客的满意答复。对于迪斯尼的员工而言，只要游客需要的都能从容应对，使其能够获得宾至如归的体验。因为迪斯尼知道不会有人经常去迪士尼乐园玩，而通常会把乐园介绍给亲友一起去，或者陪同孩子一起去，再或者是和自己的朋友或爱人去光顾。这些正是迪斯尼服务策略的根本所在，通过解决以上问题形成良好的口碑效应，为自身带来了广泛的集客效应。

　　向消费者提供的相关服务最重要的是，在提供增值服务的同时得到消费者更高的满意度。其中，增值服务是指为消费者提供高质量、便捷的服务，使其能够在享受服务的过程中无所顾忌，收获消费者更高的满意度。也有人指出，增值服务指的是在常规服务的基础上，通过增加其他服务来使得消费者在得到更多的服务之后，产生物超所值的感受，从而提升顾客对品牌的忠诚度。良好的口碑效应是以高满意度作为基础的。

　　以北京蓝岛大厦为例，不仅为消费者开展友情服务使其收获意外的满意，还提供各种增值服务。例如，雨天的时候，总服务台为来蓝岛购物却不带雨具的顾客准备雨披，不需要借据或者押金就能将雨伞借走，服务台的工作人员只会客气地说一声"您下次顺路把雨伞带回来就可以了"。即使雨具的回收率不到三成，但蓝岛大厦依旧坚持这一方便顾客的附加服务。在顾客得到便捷、周到的服务同时，从中感受到蓝岛的一片诚意。如此以往，每位在蓝岛经历过真诚服务的顾客，平均每人都会向至少 10 位亲友宣传蓝岛大厦，同时还会永久保持本身对蓝岛的忠诚。

　　在顾客得到实惠后，总会向他人炫耀自己所得。消费者花同样的钱，就能获得更多、质量更高的服务，也可以说是另一种形式的物超所值。企业通过在传统服务项目的基础上，以增值服务的形式服务消费者，导致后者在心理上会产生更高的满意度。

　　对于资金有限的中小企业或弱势品牌而言，要特别重视服务的质量和内容，尽可能多地为消费者提供增值服务。然而增值服务是有限的，现实生活中的消费者通常都是比较贪婪的，而企业只需要向其提供比竞争对手的服务更多的增值服务即可。尤其是在服务项目和质量同质化后，企业必须要遵循需求的层次，基于当时消费者最适宜的需求而提供其最需要的服务。

为了形成良好的口碑，可运用差异化服务将自身与竞争产品、厂家区别开来。差异化服务是指一个品牌区别于竞争对手的特有服务。在企业的服务价值区别于竞争对手所能创造和提供的服务，具有差异化、个性化等特征，就能更好地实现自身所期待的服务营销创造、维系顾客忠诚度和好口碑。

也就是说，差异化服务是指一个企业为自己的顾客所提供的、具有独有性的差异化、个性化的服务，侧重于在服务过程中为顾客创造独特的且具有比较性的价值。而企业正是因为这种价值才能吸引来客户。同时，差异化服务还赋予了品牌深刻的内涵。

美国著名酒店希尔顿酒店在 1919 年成立，却在不到六十年的时间内，发展成为拥有 70 家分店，遍布世界五大洲各大城市的全球最大规模的酒店之一。数十年来，希尔顿酒店生意兴隆，财富迅速增长，就是凭借着对顾客的"微笑服务"才能获得如此成就。即使在 1930 年美国经济最萧条，全美国旅馆纷纷倒闭的时候，希尔顿也没有失去信心。希尔顿酒店在内部特别交代工作人员，"无论旅馆本身遭遇的困难如何，服务员脸上的笑容永远是属于顾客的"。其实，那些在大萧条之下留下来的 20% 的旅馆中，只有希尔顿服务员才拥有最美好的微笑。经济萧条刚过，希尔顿最先进入了酒店的繁荣时期，进入黄金时代。

对于弱势品牌而言，差异化经营是使其能在行业中崭露头角、甩开竞争对手、走向强势的最佳方法。另外，极具创意及实用价值的差异化服务会使消费者产生更高的满意度，也会为企业建立起良好的口碑效应。

因此，中小企业在为客户提供服务的时候，一定以差异性、实用性作为标准。但有一点必须注意，追求差异性并不是标新立异，一定要讲求实用，不可落入俗套。

注意服务的创新性

恰当而具有创新性的服务方式不仅能创造社会价值、让客户满意，还会在消费者心目中留下深刻的印象，使品牌的形象深入人心。并且，"意外的惊喜"能树立良好的口碑，而"深刻的印象"也能保持口碑的持久有效。

在创新服务方式与差异化服务之间并不能画上等号，后者侧重于在与竞争对手之间的差异，重在独特性、个性化、实用性以及消费者满意度之间的结合。而前者侧重于在方式上的求新，虽然目的还是在于与竞争对手区分开来，但重点却在于利用与众不同的服务方式创造社会新闻价值，追求客户方面的"惊喜"、"满意"和"口碑"。两者之间唯一的共同点正是两种方式都能使一个品牌在行业中崭露头角、迅速发展。

藤田开设了一家名为江之岛汉堡店的快餐店，店距离车站大约一公里路程，但很少有人经过，每天也仅有 14000 辆汽车经过，想要向司机出售店里的面包根本就不可能。藤田为了方便顾客就发明了一种"开车通过式购物"服务店里的顾客，车上的顾客只需要向电视订购所需的食品，就会有店员把食物包装好，并在出口处交给顾客。当汽车驶过时，顾客无需下车就能购买到自己想要的食品，无需停留很久。这种方式的成效十分显著，大大节省了顾客的时间，深受客人的欢迎。这种服务形式既特别又颇有创意，也更符合现代人快节奏生活的需要。随后，藤田又陆续开设了三十多家分店，不断受到顾客的称赞，业绩也不断得到提升。独特的服务自然能为企业带来良好的口碑，正是因为这样，才会有三五成群的孩子骑着脚踏车到店里买汉堡。在良好口碑的作用下，甚至连江之岛的分店也有人骑着马去买汉堡。

而创新服务方式是以客户满意为基础的，不能仅仅追求创新，还要把握好消费者的心理承受能力。总而言之，如果能在服务创新方面做到恰如其分，就能取得事半功倍，取得一举多得的功效。

尊重消费者的建议

消费者的看法非常重要。企业必须明白，正是顾客给予的企业或品牌辉煌的成就或飞速的发展，也正是顾客才会让发展濒临停滞的企业起死回生，枯木重生。因此，企业必须更关注消费者的每一个看法。

对于一个企业方方面面，消费者的看法和反应都非常有意义，决定着企业和产品在消费者中的口碑和信息的传播，并为形成好口碑或是坏名声做好准备。所以，企业应积极关注消费者的每一个看法和反应，真诚地尊重消费者并让其感受到，促使消费者能够主动地为企业进行口碑传播。那么，企业应该这么做：

1.赋予顾客应有的权利

虽然众多商家都明白顾客就是上帝这个道理，但却没有几家能够真正地贯彻到底，赋予顾客应有的权利就更做不到了。如，商家在做广告时，很喜欢将真相隐藏起来，希望因此吸引到更多消费者的购买或关注。然而，就在顾客得知"上当受骗"的时候，就在欺骗中，品牌形象毁于一旦。所以，一个企业只有充分赋予顾客应有的权利，才能真正做到把"衣食父母——消费者"看成企业价值链中最有价值的主体，也才能发展成为百年企业。

公司应该让顾客尽可能多地了解企业的情况，这是对顾客最大尊重的体现。企业将经营中的不利或有利方面都告知给顾客，让其知道企业的真相，消除顾客对企业的怀疑，最终更大限度获得消费者支持和信任，以及更高的忠诚度。企业通过长期让顾客了解自身，可以让消费者产生主人翁意识，使其充分与企业相融合。纵然在某些方面，企业的情况并不十分如意，但这并不会影响顾客对企业的忠诚度。另外，通常这种"知情"会让顾客在自己的朋友、同事圈中广泛传播企业的各种方面，树立良好的口碑。

特别是在这种和竞争对手在价格、质量、服务等几乎所有领域几乎无差距的情况下，企业与顾客分享赢利所得和共同承担经营失败的策略显得尤为重要，也将会成为企业扩大市场、战胜竞争对手的强效工具。

顾客一旦感到自身与企业有着某种亲密联系，就会产生对企业更多的忠诚和信任，而这种忠诚和信任最终将会转化为对企业、对品牌、产品和服务的公开赞誉，从而实现企业预先设定的口碑效应。

正是出于某些零售大卖场欺骗顾客，侵犯消费者应有的基本权利的行为，才会导致其失去顾客支持，表现出"大起"又"大落"的现象。这些商家为了吸引顾客而通过虚假广告等方法隐瞒事实的真相，巧妙地运用返券打折等方式来使顾客消费再次消费。而就在顾客主动挤进人流钻进商家的"圈套"后，才发觉并非想象中的情形；而顾客在每次拿着大把钞票换来的返券不能有效使用时，才尝到"受骗"的滋味。如此以往，教训式的口碑开始像病毒一样在消费人群中蔓延，即使有一时的辉煌也不可能阻挡消失的命运。

2.听取并及时反映消费者的意见

作为企业和品牌生存基础的消费者，其意见正是企业和品牌前途的关键所在。企业只有经常关注消费者的看法，并进行合理的完善，才不致走向衰落，同时还会为自身赢得良好的口碑。

通常的做法是在柜台或窗口上放置一本客人意见簿，欢迎顾客写下自己最喜爱的服务人员，自己认为最好的产品或是心目中企业业务的闪光点等。即使并非所有顾客都会有时间在意见簿上写下自己的看法，并且也并非所有提出意见的客户能很好地表达出自己的观点，但企业还是能在整整一本的意见簿上发现一些闪光点，而或许正是那几句话让企业受益匪浅。

对此，企业要做的是，每个季度仔细翻看一下意见簿，并对其进行分类。然后，张榜公布对顾客有益的意见，以便让服务人员了解情况，查看是否有人更改过反馈意见。如果顾客所提意见比较好的话，可以印在贴好邮票的明信片上，鼓励顾客将明信片寄给亲友同事。企业还可以通过投票评选出顾客的最佳评价和意见，对于提出那些最能代表商店风格和气氛的评语的顾客给予一定的奖励。这样做的话，你不仅可以赢得这些顾客们持久的忠诚，还会因此得到其他顾客积极的评价。

同时，企业还可以邀请顾客对改善公司的业务发表建设性的意见。对此，精明的商家不仅会邀请顾客指出业务方面的优势，还会包括进行挑错，发表对商家的不满、牢骚和建议等。商家的目的也很明显，那就是：改良产品、提高服务、扩大口碑宣传的效力，树立起良好的口碑。只有将问题放到桌面上来谈论，才能使困扰商家的问题、顾客不满但却不被发现的问题，在这些问题造成危害之前完满解决。商家还可以在每个季度对顾客的这些不满和批评进行总结，并且还要向员工张贴公布，奖励其中比较突出的建议。

最常见的情况是，人们由于工作过于忙碌而导致没有时间去谈论自身的真情实感，或是因为性格原因而不愿意在陌生人面前表达自己的情感。虽然这种情况是可以理解的，但对于那些急于改善企业形象并渴望赢得良好口碑的商家来说，却并不是那么有利。所以，商家采用留言簿、问卷调查、顾客焦点采访以及其他正式调查的方式也很难实现预期的效果。这样的话，商家只能在合适的场合偷听顾客的交谈并获取顾客最真实的评价。商家可以在大门口、停车场、食品摊、展览台、门厅和信息中心等顾客聚集和谈论感想的地方，偷听客户对企业或商家的某些产品和服务的不满、困惑和期望，从而获取有效的信息。商家只有抓住顾客这些毫无隐晦的意见，据此进行改进才能促进企业的快速发展。

3.定期与顾客进行对话

当今国内的企业在宣传自身品牌的时候，通常会采取在大众媒体上做广告的方式来进行宣传。然而，广告只能一定程度上提高品牌的知名度，一个企业或品牌的知名度并不意味着一切。品牌在消费者心中是以一个活体存在，一旦两者之间缺乏有效的情感交流，仅凭单纯的广告宣传很可能会导致企业失去本身的活力，也就不会再具备社会价值。所以，只有与消费者保持长期"对话"才能真正恢复品牌本身的活力。事实上，对话不仅能带来良好的广告效果，还能产生强烈、良好的口碑。消费者还是品牌的资产，能保证与消费者持久的沟通。而同时，消费者对品牌的忠诚度即可转化为品牌的资本，帮助品牌走向名牌。

雀巢公司的下属品牌 Buitoni，为了与消费者长期保持对话，决定成立"Buitoni 小屋俱乐部"，培养忠诚的消费者。开始的时候，公司成立了关于喜欢烹煮意大利食物的消费者的资料库，然后，邀请这些消费者加入俱乐部。而同时，那些接受邀请的人可以得到一些介绍意大利生活方式的资料、全彩新闻季刊，以及意大利通心粉食谱和优惠券。除此之外，还可以参加周末美食烹调聚会，品尝新产品，对赠品及筹划意大利式通心粉盛宴进行建议的机会。在俱乐部成立后，在良好口碑的作用下，会员人数不断增加，产品的销量和消费者的忠诚度也随之得到提高。

事实上，还有英国吉百利公司投资创建的"吉百利世界"主题公园，中国四大名醋之一保宁醋兴建的中国首家"醋博物馆"等。

有很多与消费者保持对话的方式，其中包括定时给顾客寄送有关本行业营销状况的动态信息读物，无论信息好坏，都是企业通常使用的与顾客保持联系的方式之一。

定期与消费者进行"对话"，把品牌宣传的信息与培养消费者对品牌的情感相结合，围绕着品牌与消费者之间的关系建立起品牌的知名度。进而使企业在宣传品牌的同时，积累起品牌的资产，而当这种积累到一定程度，就会诞生出一个新的名牌。从口碑的角度来说，高质量的品牌或是名牌的力量都是巨大的。而它所带来的市场销售的力量也是无穷的。

4.争取更高的赞同

不存在一家可以完全避开顾客的批评与不满的商家，无论因为商家的过错或是消费者的误解。然而，所有公司和企业都必须及时而合理地解决已出现的问题，最大限度地降低顾客的这些批评和不满，从而将顾客的意见引导到对企业最有利的一面来。另外，令消费者最满意的处理结果还会成为在顾客口中口口宣传的口碑事件，实现良好的口碑效应。

其实，产品在进入市场后，都会面临一些不可预知的情况。因此，这就要求企业领导人必须具备危机分析、预测的能力，在面对危机时，需要做好一切打算，尽量找到一切可能解决问题的办法，寻求最好的结果。

通常，危机事件会导致两种结果：一种是，出现在大众媒体上，迅速对品牌、产品产生负面效应；另一种则是，引起消费者极大不满，从而迅速扩散产生不佳的口碑。企业针对这两种情况，必须要首先搞好与媒体之间的关系，事先能够获知媒体发布的消息，并能够阻止媒体对事件进行曝光。即使媒体将不利消息刊登出来，也可以及时处理好事件并在媒体对消费者给出一个合理的解释。另外，要及时对消费者做出应有的补偿，减缓不良口碑的传播扩散。甚至，那些驾驭市场的高手还可以利用危机事件进行反策划，扭转败局。

企业针对顾客的不满，应该尽快做出反应，对顾客进行补偿——随时准备好优惠凭证或赠物券等以弥补顾客的损失和不满。

试想一下，顾客在餐馆吃饭，但端上来的菜有两道是凉的。为此，顾客在店内大吵大闹，要找服务员理论，甚至可能会提出索赔。对于这种情况，负责人常常应立马邀请顾客到办公室或包间内商量解决方法，首先要向顾客道歉，赠送优惠凭证或赠物券以补偿损失，或者预定客人在下次光临的时候可以免费享受甜点或开胃酒水。这样做，就能立即消除顾客的不满情绪，防止顾客将不好的口碑扩散出去。另外，使用优惠凭证和赠物券还能吸引顾客再次光顾，这样就能彻底规避批评和不满可能造成的危害。

商家可以通过寄送感谢信的形式有效地维持与顾客之间的良好友谊，也即是说，在顾客碰巧告诉你光顾的原因后，可以想方设法让其对此原因进行口碑传播。某些企业有很好的惯例——在交易完成后给顾客寄出一封感谢信。在顾客接到这封信件后，就可能会将企业的有利信息传递给周围的亲友同事，熟悉的人。总的来说，这也是一种能动的口碑营销方式之一。

❖ 以故事细节赢取关注

或许你会说，普通的品牌是不可能和 google 同日而语，这简直是两个世界的事情。但是，弱势品牌也并不是不能创造属于自己的故事。只有把握以下的几个方面，每个品牌都能创造自己的故事。

结合自身能力创造真实故事

如果商场为了更快地吸引来消费者，承诺购买商品可以中大奖，但却在前期安排很多自己的工作人员去抽奖、中奖。通常，这种行为是商业道德所不太允许的，但效果却非常明显。也就因为这样，抽奖事件轮番上演，"中大奖"也就随之流传开来。而这也会吸引更多消费者投身到商品购买和抽奖中来。另外，也会刺激消费者的消费行为。

通过对自己与对手形成正面反差的成长故事进行描述，不断实现在产品、服务满足目标群体消费需求的实现程度以及满足消费的差异化需求上新的突破

掌握传播技巧

消费者的话总是比商家的叙述更能打动人心，也更具有信服力和震撼力。而且，企业所服务的目标群体是庞大的，因此，如果能够通过他们传播发生在他们之间的与企业有关的各种故事，就会吸引来更多的听众，也就能更大范围内传播出去。

那么，消费者传播的故事应该是怎样的呢？

顾客在使用产品或服务中所发生的故事。就像是，关于顾客或者他们的家人在使用某项创新产品时闹出的笑话、收到的意外惊喜等的故事。

或者可以是在顾客面对面接触产品或服务前进行沟通的故事。例如顾客在来电或来信中，寻找到的企业不在大众渠道中售卖产品过程中所发生的故事。

又或者是顾客在认购商家产品或服务时所发生的故事。例如你的促销员多收了顾客的钱，但没有私吞，想方设法还回去的故事，又如售货员不厌其烦地向消费者解释产品使用方法的故事等。

或者是顾客在享受后续服务过程中发生的故事。例如售后服务员在法定节假日期间，从千里以外的老家赶回并为顾客解决问题的故事，又如售后服务人员在保证自己所在企业产品售后的同时，为低收入家庭进行"义修"的故事。

或者是顾客得到产品或服务所提供的物质利益、精神利益的同时，还能获得额外利益的故事。例如，某顾客由消费者到工作人员角色转换的故事，又如，企业的产品或服务改善某顾客家庭成员之间关系的故事。而企业在明确上述消费者故事所隐藏的价值后，接下来要做的就是有意识地通过调查、有奖征集、回访跟踪等搜集、传播这些故事，想方设法地通过与顾客或者潜在顾客分享这些故事从而进行有效沟通。通过各种会议营销、体验征文等方式，激发上述故事向更深层次传播扩散。

关于合作伙伴、职员及其家庭的故事

其中，可以是关于质检部门坚决阻止不合格产品出厂并销毁次品的故事，或者是就原料问题与不负责任的供应商发生争执的故事，再或者是生产部门的员工因加班加点而发生身体不适而导致与员工家属之间产生误会的故事等。

　　只有在你把一切都毫不吝惜地告诉消费者时，才会引来消费者由此及彼的联想，并使得企业的口碑营销成效更加显著。

❖ 善以传奇故事培养品牌忠诚度

　　美好而深刻的历史传说总是为品牌带来深刻而生动的文化内涵。当人们接触到品牌或产品时，就会不由自主地回忆起传说的内容。因为这样的历史传说很容易让人们将该品牌铭记于心，如果故事本身具有很强的真实性和说服力，就更容易使消费者产生极大的品牌忠诚度。

　　因此，本节所说的为品牌寻找历史渊源，必须要保证其本身的真实性，如果仅仅是与品牌相关，必须要"丰富"其历史渊源并与品牌巧妙地联系在一起，让人信服即可。现实生活中，很多品牌为了寻求历史渊源而从历史中生搬硬套、断章取义，这简直是铤而走险，很容易适得其反，引起消极效果。因此，只有将历史与品牌有效结合，才可能形成属于自己品牌的文化。

　　口碑营销中，很多企业正在不断寻求合适的历史故事来宣传品牌的口碑。

　　例如意大利皮鞋"法雷诺"在新世纪登陆中国市场，吸引来了国内影视明星、成功男士、各界名流等中高档消费群体。不仅仅是因为"法雷诺"皮鞋款式新颖、做工精致、用材考究，能凸显出使用者的成功自信、尊贵不凡的成功男士的风采，另外，还因为其有着一个充满传奇色彩的神话故事：公元 1189 年，第三次"十字军"东征，这次是在罗马帝国皇帝腓特列一世和英法两国国王率领下前往耶路撒冷。大军行至阿尔卑斯山附近，却遭遇恶劣的冰雪天气，因为"十字军"士兵脚部受冻而不能行走。于是，罗马骑士法雷诺想出了让士兵们把随身的皮革裹在脚上，这样才能继续前进。而这个诞生于 14 到 15 世纪意大利北部的品牌法雷诺则是为了纪念法雷诺将军而设立的，公司将自己所生产的最高档皮鞋命名为"法雷诺"，并使其名传久远。

还有一个故事，也能说明传说的意义。

1893 年，可口可乐公司获得美国国家专利局授予的注册商标，不久后，可口可乐的创始人向世界宣布了可口可乐之所以风味独特的秘密所在，那就是得益于一种名为"7x"的特殊物质。然而，关于"7x"具体秘密配方的说明书就收藏在世界某地一家信用极佳的银行里。而关于这家银行的地址，全世界只有 7 个人知道，并且，其中仅有 5 位掌握存配方的保险柜的钥匙，但密码却由另外 2 人掌握。要想得到说明书，必须把 5 把钥匙同时转动，并对准密码才能开启保险柜。这样一来，只有 7 人合作才能获得秘方。于是，这个配方引起许多专家的关注，无数次对可口可乐成分的分析表明，想找到"7x"的配方几乎是不可能的。可口可乐公司还进一步表明"7x 不可破译"，"7x 是永远的秘密"。其神秘性和公众性带来了大量媒体持续的关注，而可口可乐公司也由此扩大了市场占有份额。

另外，我们还可以用娇兰作为典型案例。享誉全球的世界上"最贵的香水"——法国娇兰香水也同样有一个动人的故事：

公元 1852 年，法皇拿破仑三世建立法兰西第二帝国，改制共和称帝。次年，便与一位西班牙美女尤金尼·梦地歌坠入情网。而他用来赢得尤金尼芳心的秘密武器正是"香水之王"娇兰。就在拿破仑三世迎娶尤金尼为皇后的当天，他将一个包装精致的小盒作为礼物送给尤金尼。当盒子被打开时，映入眼帘的是一个金质雅致的瓶子。而当尤金尼将瓶盖稍微启开时，便能闻到一股怡人的香味。这使得尤金尼皇后非常高兴，为此还亲自致函称赞娇兰公司的老板，并赐给娇兰（帝王）香水这一名字。此后，娇兰香水名声大噪，在当时被视为贵妇、小姐的心爱之物，逐渐行销世界各地，受到各国贵族的欢迎。

几乎所有知名品牌或企业的背后，都隐藏着一段富有传奇色彩的故事。而在一个企业发展的历程中，都离不开一位能改变命运的"伟人"。因此，才会有人认为，缺少这样一位关键人物的企业是无法获得伟大成就的。同时，当把这位"伟人"奉为企业英雄楷模时，传奇性的故事和企业发展的历程也就随之诞生了。而企业的传奇故事也随之成为顾客信赖该品牌的基础，成为保持顾客忠诚度最有效的工具，更是顾客广为传播品牌口碑的载体。

纵观海内外，这样的"英雄人物"并不鲜见，如海尔与张瑞敏、联想与柳传志、微软与比尔·盖茨、索尼与盛田昭夫、劳斯莱斯与查利·劳斯等，企业的传奇故事无疑在口碑营销中起到了传奇的作用。消费者在认可这些企业创始人的同时，也由此产生了对企业的信赖。

中小企业的存在必然有其存在的理由，而每一位企业家发展至今都要经历一段传奇的经历：或抓住机遇，或果断进攻，又或高瞻远瞩，抓住未来……而企业如果能将这些故事整理成文，想要制成一段企业的传奇也并非难事。世人总是想干成一番大事业，但并非人人都能成功，于是就出现了楷模，也就会有人不断从其身上寻求一些可以效仿的途径。也就在这些楷模被模仿的同时，企业良好的口碑也就随之传播开来了。

❖ 保持特色才能有口碑

伴随着市场经济的发展和市场竞争的激烈化，有越来越多的企业认识到不断根据市场需求去设计和开发特色产品的重要性。只有这样才能更好地适应消费者的需求，也才能提升企业在社会公众心目中的总体印象和综合评价，进而为企业带来良好的口碑效应。并且，当今市场上，产品的同质化现象十分严重，只有保持自身与众不同的独特品牌，创造超乎顾客期望的产品才能长久获利，也才能获得良好的口碑，吸引到消费者的关注。

好品质是保证

一般情况下，我们将产品的属性分为三层：核心产品属性、边缘产品属性、延伸产品属性。而将产品品质的含义也分为三层：核心品质、边缘属性品质、延伸属性品质，其中以产品的核心品质，也即是产品的功能、消费者购买到的产品使用价值的品质，最为重要。例如电视机能满足人们收看电视节目的需要，因此其核心品质仍旧是画面持久清晰、不闪烁、色彩艳丽、使用寿命长等。作为产品核心的品质是产品在市场上生存的根本，也是消费者支付货币所购买到的价值，还是企业生存发展的基础，更是形成良好口碑的决定条件。

而边缘属性品质指的是产品的形状、外观设计、特点、包装等除核心功能以外的品质，就像是电视机涂漆的质量、电源连接线的品质或是包装箱的质量等。

最后，延伸属性品质是指在提供满足消费者的主要使用价值外，还向其提供的副属性的品质，就像是电视机的外观、遥控器等设计所包含的人体工学原理。以及电视机显像对视觉的保护功能，以及在使用过程中的舒适度等。

产品只有同时具备上述三层属性，其品质才能称得上卓越。以中国鞋王——江苏森达集团生产的森达皮鞋为例，森达皮鞋连续 8 年蝉联中国消费者心目中的理想品牌和首选品牌冠军。森达皮鞋在穿上 1.2 年后都不会变形、走样，甚至连鞋上的配件也不损坏等，相比于普通皮鞋 1.2 月就会变形、脱底等品质而言，品质更优秀。森达凭借着二十多年来经营中对优秀品质的坚持，赢得了上百万忠诚顾客、十数万家庭消费者成为"森达世家"的忠实用户。也正是因为森达皮鞋有着良好的品质，才能使得其赢得了良好的市场口碑和巨大的利润。

以功能、实用取胜

一个产品一旦失去了高科技的支持，也没有极其考究的工艺，就必须要依靠自身的某个闪光点来引起消费者的称赞，而这个闪光点指的就是功能、实用两大特质。也就意味着，每件产品的问世都必须能够帮助消费者解决具体问题，应具备实用性和功能性的特点，或者相比于传统产品、方法来说，更能帮助消费者省时省力。这样一来，消费者自然会相互告知，互相传颂，实现良好的口碑效应。

"顾客购买的不是产品，而是一种需求"。

以海尔洗衣机为例，在进入农村市场后，被部分农民用来洗红薯。但由于泥沙量大，导致排水管堵塞。海尔发现这一问题后，立马开发出专供农民洗红薯的大排水管洗衣机，瞬间打开了农村市场。通过在原洗衣机基础上进行改进，虽然仅仅是调整了排水管的排水量，但因其极强的实用性而大受农民欢迎。

因为市场经济早已开始向买方市场转变，只有真正满足消费者需求的东西才会有市场，因此中小企业在产品开发上倾注更多精力，才能有的放矢、迈向成功。同时，开发具有功能性和实用性的产品必须建立在充分了解消费者需求的基础上，企业必须获取消费者在使用过程中的真实感受，正确地判断事物发展的趋势，进而准确地把握消费者的心理特征并以此进行生产。这样一来，企业的口碑效应也就形成了。

美好的外观总能带来好处

在交易过程中，消费者首先看到的是产品的外形，而非其他。因此，如果一个产品外观极具美感，就能在第一眼打动消费者，使其产生购买欲。

事实上，一件外形美观的产品象征着消费者的身份和时尚，是其向外界展示自身个性的载体。所以，每件有着精美外形的产品都会引起消费者向外界展示的欲望，而其本身精美的外形也是对产品最好的宣传。以香水行业为例，香水瓶从来都是香水最有效的广告。设计精美的香水瓶本质上就是为了通过有形的外形设计准确地将香水所蕴含的无形气质和魅力表达出来。并且，通过香水瓶传达出来的还包括顾客自身气质、气场、年龄、外貌、品位、生活品质等与没有关系的一切。面对美丽的瓶身，即使是香水积淀颇深的法国女人也难以拒绝，因此香水瓶子在香水销售过程中扮演着重要的角色。一般地说，以外观取胜的产品在研发阶段需注意以下几点：

第一点，在研发产品的外观过程中要注意掌握目标群体的心理特征，禁止跟风模仿。如果企业的目标群体需要表现出尊贵、高雅的气质，就更应该注意品质的保证，充分体现目标人群注重身份的特性。如果目标群体需要表现时尚、个性，那么就需要根据产品特点，在保证功能的前提下尽可能地时尚化。但多数的研发过程中，设计人员多数选择闭门造车，很少考虑目标群体的目标诉求。对他们而言，目标群体仅分为两类：年轻群体、老年群体。然而，事实上，目标人群还需进一步细分，找出其中的共性与个性，研究对方的喜恶习惯，才能使研制出的产品大获成功。

第二点，在产品外观的研发过程中，需要注意开阔思路，将产品的自然形态融于其中。就像是将乐器外形与家具产品的开发相融合，将随身听、MP3 等做成饰品的外形，或者制造出拥有如田螺、贝壳等形状的化妆品等。

企业只有在产品外观研发过程中，打开思路、大胆设想、多多尝试，才能开发出具有独特性的产品，而一旦研制出了好的产品，好的口碑和市场也就不远了。

科技创新不容忽视

现代生活的方方面面离不开科技创新，产品研发也一样。在一定程度上，科技创新能更大限度地满足消费者更高层次的需求，让其永远处于时代和时尚的前端。所以，每次科技创新的产物总能为企业带来巨大的利益。世界五百强企业排名 20 位的三星电子，凭借着不断地创新和推出新产品，实现了财富的迅速增长，同时，三星还利用"科技"作为噱头开辟出属于自己的市场，虽然产品的开发需要耗费大量资金，但却能大大节省在市场开拓、广告宣传上投入的费用。并且，通常价格较高的高科技产品，相比于科技市场的高利润率而言，科技创新的费用也就不足一提了。事实证明，世界上所有著名企业或具有强劲生命力的企业都注重对科技研发的投入，例如装有芯片的耐克运动鞋、利用植物纤维制成的布料等蕴含有高新技术的产品无不表现了科技创新对企业产品的重要性。

首先，包含高新技术的产品总能为企业赢得媒体的免费宣传。正因为科技产品的发明是人类社会进步的体现，新闻媒体对此十分关注。

其次，包含高新技术的产品能为企业带来强烈的品牌效应。消费者总是本能地追求更高与更新技术，因此，一旦一种全新且具有划时代意义的产品出现，必然引来人们的关注。

同时，产品的科技创新还将长久的生命力赋予给企业及品牌，一旦产品创新成功，必将意味着一个光明的未来。中小企业或弱势品牌通常会害怕投入产品研发费用与最终受益不成正比，就像广告投入一样石沉大海，不能帮助企业走出困境。但事实并非这样的，品质是生命力，产品研发是核心，广告投入是附加投入，而企业只有根据自身人财物力，以适当比例投入到科技创新中，将科技创新本身的促进作用发挥出来，迅速占领市场，树立口碑。

高性价比

企业总希望最大程度地获利，用最低的成本制造出最高价的产品；而消费者则是想用最低的价格购买到最好的产品，两者之间形成了巨大的矛盾。为此，企业需要在充分把握市场的基础上制定产品价格，使其既能帮助企业树立良好的口碑效应，还能提升企业的竞争力。

价格既影响销售情况，还影响企业所获得的利润。而企业不仅要抑制或应付竞争，还要力争增加市场份额，并且还要在保持价格稳定的前提下，收回投资成本。由此可见，价格对于企业而言，有利有弊，既可以创造口碑，赢得市场，还可能会导致企业失去市场，无法获利。

站在消费者的角度上来说，商品的价格是其最敏感的因素之一，伴随着消费者变得越来越理性，价格也成为影响其选择产品的重要考虑要素。虽然消费者总希望用最少的钱满足自己最大的需求，但价格的高低并非绝对的。因此，高性价比的产品就成为消费者衡量产品的重要指标。一旦消费者确定能够获得性价比最高的产品时，就会选择向周围的人宣传获利的事情。如此，也就形成了企业的性价比口碑。

其中，家乐福是一个成功的典型。在长期的经营过程中，家乐福采取了敏感性商品超低价、非敏感性商品利润贡献价、自有品牌权变价、进口商品模糊价的销售策略。像可乐等饮料是敏感商品，家乐福通常会特价出售，为消费者带来物超所值的感受，稳定固有的消费群，赢得良好的口碑。既然低价出售产品并不能为家乐福带来巨大利益，那么其利润从何而来呢？利润主要自于国外知名品牌、自有品牌等高价非敏感性商品的利润收入。

之所以零售巨头沃尔玛能做到今天的成就，与其坚持始终如一的原则不无关系。在全球市场上，沃尔玛坚持采用"天天低价，天天新鲜"的经营原则，通过良好的购物环境、高质量的产品以及更多的产品品种赢得消费者的称赞，尤其是"天天低价"的原则为消费者带来实惠的同时，也给其留下了"便宜"的印象。正因为如此，"沃尔玛的商品便宜"的口碑也就形成了。

制定产品的价格需要考虑如下四个因素：产品成本，消费者的承受能力及其付出与获得之比，竞争对手的价格策略，针对目标群体的档次分类。通过划分不同的档次，其中，低价产品是求销量增加，中档价位产品是求利润增长，而高价产品则是为了树立良好的口碑。

第六章

网络时代的口碑营销

　　身处互联网时代的营销创意人，不能局限于传统的口碑传销方式，还可以利用网络实现口碑效应。例如可以通过电子邮件的方式传递信息，通过发表博客、发帖的方式分享经验、提供建议、传播口碑。在网络这个更加自由的平台上，企业的口碑营销活动真可谓是如鱼得水。

❖ 网络口碑营销的巨大前景

现在，互联网已然成为人们日常交流的主要方式。据 2012 年 7 月的中国互联网络信息中心第 30 次统计调查显示：截至 2012 年 6 月底，中国网民数量达到 5.38 亿，互联网普及率为 39.9%。在普及率达到约四成的同时，中国网民增长速度延续了自 2011 年以来放缓的趋势，2012 年上半年网民增量为 2450 万，普及率提升 1.6 个百分点。可见，互联网交流对于人们日常生活的重要性和互联网市场的巨大潜力，同时，这也改变了营销的方式。

网络作为一种大众媒体，其存在本身就是一种对于传统媒体在知觉上的局限性的突破，为人们带来了一个立体、梦幻、虚拟的世界。另外，在信息传送的速度和容量上，网络媒体实现了空前的突破，从而使得传统媒体逐渐被取代。

那么，互联网的出现主要给传统的面对面的口碑传播带来了哪些重大变革呢？具体如下：

1.存储便捷

数字计算机技术使得互联网上的口碑传播内容可以轻易被复制、保存，从而延长了口碑传播信息的持久性。

2.存在时间差

与包括电话传播在内的传统的面对面口碑传播方式相比，网上口碑传播具有非同步性，也即是传播、接收信息之间存在时间差。因此，消费者可以根据自己时间的安排来参与到网络口碑传播活动中来。这样的传播方式不仅为消费者带来了便利，还不会导致传播质量的下降。

3.允许匿名传播

传统传播方式并不允许传播者匿名传播，但网络传播却具有匿名性的特点，使得从事传播活动传播者的社会身份几乎不受限制。这使得本来在现实社会中不可能进行沟通的人们得以交流，同时，也实现了现实社会中交流传播的策略计算降到最低。

并且，互联网进一步把传播方式进行细分，使其主题更突出，传播更有效率。同时，网络传播还大大减少了口碑传播的成本，并很大程度上扩大了口碑传播的范围。此外，网络传播的方式实现了一对多的传播方式，并且几乎不产生任何额外费用，使得成本大大降低。

伴随着社会的进步，时代的发展，互联网出现为人们之间的口头传播提供了前所未有的空间，同时，还极大程度地加快了信息传播的速度。通过互联网，用户不仅可以轻而易举地获得他人分享的经验，在 BBS 上发帖与陌生人进行沟通交流，大大改变了传统的交流方式。另外，随着互联网信息的传播范围的扩大，传统的熟人之间传播的模式被打破，信息在陌生人之间不断得到复制、转载，信息传播范围和主体得以空前扩大。这样看来，口碑传播的已经突破了口耳相传的限制，逐渐在速度和效果上实现了惊人的突破。

如今，互联网已经逐渐取代其他方式成为人与人之间进行交流的主要途径。而从我国目前的情况看来，上网用户数量庞大，其中，超过九成的用户经常发送电子邮件，近八成的网络用户经常上网浏览新闻，而经常使用论坛、BBS、讨论组等的用户超过四成。网络用户非常乐意将网络作为一种人际传播的渠道，而这种活跃的网上人际交流方式也逐渐成为在互联网上进行口碑的营销途径。

1.网络营销中的口碑传播

互联网的出现打破了传统的面对面口碑传播的重重限制，极大地改变了人与人之间交流和生活方式，而口碑营销也同样因此获得了改变。同时，口碑营销在网络营销中发挥着极其重大的作用。主要改变了互联网用户进行口碑传播的传播渠道和传播方式，进而冲破了传统方式对口碑传播范围的限制，并提高了传播的速度和效果。

2.借助网络引发口碑传播

有一种说法在营销过程中经常被提及，那就是"极速营销"，它其实是一种将口碑营销思想应用于网络营销的，更加"网络化"的术语。同时，它还是一种常见的网络口碑营销方式，通常被用于网站推广、品牌推广等传播过程中。其实，这种极速营销方式是利用用户口碑传播的原理，在互联网上进行口碑营销，从而极大程度提升信息传播的速度。因此，极速营销可以说是一种高效的信息传播方式。另外，由于这种传播是用户之间自发形成的，所以，几乎不需要企业使用任何营销手段。

越来越多的国内企业营销人员开始认识到极速营销的巨大威力，因此，不断在各大网站上出现对于该营销方式进行介绍的方案，也因此，极速营销真可谓是一举成名。然而，极速营销所获得的显著效果是需要大量艰苦的工作作为基础的，甚至还需要投入巨大的资源，其中，包括对极速营销一般规律的认识、设计和推广方案、高成本的免费服务等。一旦缺乏这些基础，即使是在互联网上，也很难树立起用户的"口碑"。

现如今的市场上，越来越多的传统老店，凭借着网络传播，使店里的销售业绩得到提升。例如日本横滨的曲子老铺"小泉曲屋"，就是一个典型的例子。

因为上一代店主的突然去世，小泉曲屋曾经有一段时间是停业的。15 年后，第四代店主重新开业，并且通过网络扩大销路，建立起了良好的市场基础。

1998 年，小店正处于事业重新开始的时候，但仅仅通过函件与店铺两个渠道进行无添加的酒曲与大酱的销售工作。然而，销售额却总是毫无起色。于是，他们注意到了网络销售这一很适合品质商品的制造直销型商业模式，并于次年 11 月开始经营网店。结果，同年 12 月就实现了日售 200 件的销售业绩。

之所以能取得如此大的成就，正是因为他们活用了网络口碑营销的方式。他们仔细查看那些集中了大量女性信息的网页的留言板，获取每一个有用信息，并通过发布宣传稿的方式争取部分忠实客户，从而促使口碑传播的进行。通常，他们如果在网上遇到潜在的消费者，就会以陌生人的身份给其提供各种信息。除了以诽谤中伤为目的的发言外，他们会顺着大家的谈话发表有益且精练的商品信息进而产生较高的关注度。并且，以这些网络信息进行口碑传播可以产生很多忠实的拥护者，且会为企业在现实生活中进行口碑传播。

在这个商品的生态特性中，吸引关注起到了极其重要的作用。

除了活用网络外，小泉曲屋还通过"手工大酱现身说法活动"进行宣传。活动中，以家庭主妇为主的参加者，不仅感受到了与同伴一起手工制作食物的乐趣，还体会到了品尝美味时的感动。这样一来，小泉曲屋的口碑也就逐渐传播开来了，提升了小店的知名度和形象。同时，小泉曲屋也在学校、团体中举办相关的讲习会，以口碑传播的方式不断扩大消费者群体。

从上面的例子中可以看出，小泉曲屋商业的品牌信息并非产品销售信息，而是关于手工制作的优点及制作方法和传统文化本身的信息。对于那些传承酒曲制作文化的人来说，即便在大酱日渐式微的环境中，也不仅以追求利润作为唯一目的，而是将重点放在传统的经营资源上来吸引消费者的关注。在这种风气下，小泉曲屋将现实与网络结合在一起，开展现场销售活动，逐步提升企业产品的知名度。就这样，这间老铺在商业运作方面取得了巨大的成功。

❖ 通过电子邮件进行口碑营销

在网络口碑营销中，Hotmail 真可谓是一个最典型的案例。Hotmail 通过在邮件中设置链接，使每位收到邮件的人都可以轻易注册成为 Hotmail 用户，而这些用户每发一封邮件都可以说是一次免费的口碑宣传。逐渐地，每位用户都成为 Hotmail 的宣传者。仅在 18 个月间，Hotmail 就发展成为了拥有 1200 万用户的邮箱网站，而其增长速度也是惊人的。伴随着电子邮件的兴起，通信领域也发生了巨大的变革。与其采用邮寄的方式，不仅费时费力费钱，且安全性不高，不如使用寄送跨洋电子邮件的方式来进行交流。而对于一个工作间的同事而言，也可以迅速将信息传达给对方，成本低廉且信息安全性得到了提升。现在，电子邮件系统拥有一个庞大的用户群和十分可观的潜在用户群体。而随着互联网的迅速普及，电子邮件也逐渐演变成为人与人之间进行沟通交流的重要手段之一，逐渐成为生活中不可替代的一部分。在庞大的网络用户群中，电子邮件的普及并不再是天方夜谭。

什么是电子邮件营销

采用电子邮件的方式进行口碑传播，指的是企业通过电子邮件向目标用户传递有价值信息，是在事先得到用户允许的前提下开展的一项网络营销手段。其具有三个前提条件：用户的许可、传递信息的电子邮件以及对用户有价值的信息。只有满足以上三个条件，才能实现有效的电子邮件营销。事实上，真正的电子邮件营销就是许可电子邮件营销，或者是"许可营销"。与滥发邮件不同的是，这是基于用户许可才进行的电子邮件营销。相比于传统的推广方式或未经许可的电子邮件营销方式而言，这种形式具有明显的优势，其中包括减少广告对用户的骚扰、能更准确地定位潜在顾客、密切与顾客之间的关系以及提升顾客对品牌的忠诚度等方面。

依据所涉及的用户电子邮件地址资源形式的不同，可将许可电子邮件营销分为内部列表电子邮件营销和外部列表电子邮件营销，也即是内部列表和外部列表。前者正是通常所说的邮件列表，也即是利用网站的注册用户资料开展电子邮件营销，其包括如新闻邮件、会员通讯和电子刊物等常见营销形式。而后者则是指利用专业服务商的用户电子邮件地址进行的电子邮件营销活动，也即是以电子邮件广告的形式向服务商的用户传递信息的营销方式。许可电子邮件营销是一种相对独立的网络营销方式，不仅可以与其他网络营销方法相结合，还可以独立运行。

电子邮件营销优势所在

电子邮件营销主要具有以下几种优势：

1.成本低

相对于传统营销方式，利用电子邮件传播口碑成本更低。在电子邮件营销过程中，企业只需要在互联网上申请一个电子邮箱即可实现信息传播。因此，每一家企业都会采用电子邮件营销的方式进行宣传。因为无论资本雄厚与否，或者是企业规模是否大，只要能接入互联网也就能实现电子邮件营销。同时，电子邮件营销与如电话、传真、邮寄、快递等传统的通信方式相比，成本非常低廉，因此广泛受到企业欢迎。

2.时空限制小

通常情况下，传统媒体的传播方式都会受到来自时空的限制。即便是国家级电视和报纸媒体也不能覆盖所有区域，更何况是地方性的电视、报纸和杂志等媒体。而且，传统媒体的传播具有一定的时效性，并不能持续很长时间。不同的是，电子邮件并不受时间和空间的限制，任何用户都可以通过互联网，无时无刻不间断地获取企业所传递的信息。而企业也无需受到时空限制，可以在任何时间向具有上网条件的目标用户传递信息。

3.更自由

与传统的直接传播相比，电子邮件传播更自由。如广播、电视等传统广告媒体是直接传播的，带有强迫性，很容易会导致受众处于被动状态，甚至产生强烈的抵触情绪。正是因为在人们看电视或听广播时，广告往往是通过强制方式灌输到消费者的视线和脑海中的，这就使得消费者在接收信息时处于被动和不自愿地位。相反，电子邮件营销则是按需提供信息的，只有在消费者需要时才会进行宣传信息传递，而不会采取强迫的方式让消费者阅读邮件。同时，消费者可根据自己的需求不必受到时空限制获取想要的信息。

4.更具针对性

传统大众媒体是采用一种广撒网的方式进行信息传播的，这对受众的针对性不强，双方之间所持目的并不能及时达成一致，也就会导致发送与接收的错位。然而，采用电子邮件营销就能克服这一局限，电子邮件更能保证时间、信息和收信人的适当性。并且，企业还可以通过数据挖掘从而细分目标顾客从而进行精细化营销，以实现电子邮件营销的目的。以亚马逊官网为例，当客户感兴趣的图书出版时，就会采用电子邮件的方式告知客户。这样做更使得整个营销活动具有针对性，也更能提高顾客的忠诚度，降低企业宣传成本。

电子邮件营销的缺陷

相比于已经发展成熟的传统营销方式，起步并不久远的电子邮件营销虽然在很多方面表现出十分了得的优势，并使这些优势在短时间内迅速发展成熟，但这种方式本身也是存在缺点的。企业如果能够进一步规范地进行电子邮件营销，使其克服弱势，强化优势，那么，也就能获得更多受众的支持，顾客也会选择商家提供的电子邮件作为信息来源之一。这样的话，电子邮件营销也就最终圆满实现了。

1.垃圾电邮

很多企业因为营销意识淡薄、电子邮件地址信息错误、不及时更新电子邮件地址以及市场定位不明确等，为消费者发送了很多无价值的商业性电子邮件，给客户留下垃圾信息的印象，这也就损害了电子邮件营销在客户心目中的形象。事实上，大量垃圾邮件的存在严重影响了用户对商家的信心，甚至会产生抗拒心理，还会严重危害到整个电子邮件营销行业的深入发展。

2.低可信度

向报纸、杂志等传统媒体在进行广告信息传播时，是由专门的机构进行操控的。每个人都可以使用电子邮件进行传播，只要有电子邮件账号即可。而传播者的多元化也使得网上虚假信息增多，遍地假新闻、色情信息泛滥、垃圾信息成灾，这就大大降低了网络信息的可信度和网络营销的效果。美国学者托马斯等在《互联网与传统媒介信息可信度比较》一文中指出，互联网为人们发表意见开辟了一个自由且方便的途径，但同时，也可能会削弱那些具有可信度的信息本身的价值。

3.用户资料缺陷

现实中，往往会出现用于电子邮件营销的用户数据资料更新缓慢的现象。一定程度上，现有的用户信息存在地址、资料信息不全，信息滞后和分类不科学等问题。然而，由于缺乏用户信息库资料，导致企业难以统计分析用户分布和细分消费行为，并导致网络营销个性化、精确化等优势难以得到发挥。通常，很多企业会采用批量发送的方式进行信息传递，根本无法实现营销目的。而另一方面，用户在收到这种信息后，很可能会当作垃圾信息清理掉。一旦企业持续给顾客发送相类似的信息，则可能会引起顾客的反感，并与该潜在客户失之交臂。

电子邮件营销的关键

企业在利用电子邮件进行口碑传播时，需要重点注意以下几点：

1.邮件内容趣味性

好的电子邮件内容要能激发邮件接收者的兴趣，同时，还必须符合企业的营销目的，因此，就要求企业的营销策划不能引起消费者的反感。而一旦电子邮件的内容能引起接收者的兴趣，就会很大程度上提高营销的效果。

2.创意性标题很重要

如果一个标题有创意的话，会吸引接收者打开邮件，而顾客只有打开了邮件才能看到邮件的内容。可以说，邮件标题影响消费者是否打开邮件，因此，企业也可以通过邮件的打开与否来确定顾客的喜好和兴趣。因此，选择一个好的邮件标题很重要。

3.邮件外观需美貌

企业在设计电子邮件模板的时候，不仅要利用美貌的外观来吸引顾客的注意力，还要符合国际反垃圾邮件组织的设计规则，不要因为违反规定而导致自己进入接收者的垃圾邮箱或邮件营销厂商的黑名单。

4.精心收集邮箱地址

在很多企业看来，可以通过搜索引擎获得电子邮件地址或是通过购买获得邮箱地址。其实，这样通常很难得到准确的邮箱地址，企业所发的邮件可能会被投进垃圾邮箱，也就很难实现营销目的了。因此，企业可以通过自己的网站搜集到更精准的邮件列表，邮件接收者可以是网站的注册用户、顾客，也可以是企业信息的订阅者。

5.尊重消费者的意见

企业必须要尊重邮件接收方的意愿。一旦邮件列表出现问题，就不可能实现宣传的目的，只会增加服务器的负担，导致邮件发送更困难。并且，还要结合天时地利和产品的特性，发送电子邮件。不要单纯以为高频率意味着高效率，给收件人留下的印象就越深，过分频繁的邮件只会引起顾客的反感。据研究指出，每个月发送 2~3 封效果更高。

阅读率

显然，电子邮件营销最大的敌人是垃圾邮件，泛滥成灾的邮件会招来很多用户的厌烦。一项调查指出，超过六成的人表示会直接删除不熟悉、不信任发件人的邮件。垃圾邮件泛滥导致用户直接删掉邮件，大大阻碍了电子邮件营销的效果。另外，据中国互联网络信息中心（CNNIC）统计指出，中国的网络用户逐渐上升，并且使用率与学历呈正相关关系。初中及以下学历的网民，电子邮件使用率仅为三成，而硕士及以上学历的网民会有超过九成的电子邮件的使用率。据调查指出，当前接触网络的人群中，很多文化层次较高的人，这些人思想活跃、收入较高并具有很强的购买能力。而随着高校毕业生比例增高，邮件使用率也逐渐增高。这就与低学历者形成鲜明对比。对于不正规、设计有缺陷的广告邮件，这些高学历人员通常会选择直接删除，也就意味着低阅读率。

企业应从电子邮件自身设计角度出发，考虑提高邮件阅读率。影响阅读率的因素主要表现为：收件人对发件人熟悉并信任会更倾向于打开邮件，其他依次为邮件主题（正常打开邮件），曾经阅读过有价值的邮件等。虽然邮件主题对打开率具有重大影响，但这并非唯一的决定因素，也不是最重要的因素，最主要的因素是收件人的信任。

电子邮件的阅读率决定电子邮件营销的最终效果好坏，所以，企业要了解用户阅读习惯和购买心理进而影响邮件的阅读率。可以从以下几点出发提高电子邮件阅读率：

1.得到消费者的许可

有三个基本要素在电子邮件营销定义中一直强调：结合消费者的许可、电子邮件传递信息和有价值的信息来进行信息传播。以上三个要素缺一不可，否则不可能有效地实现电子邮件营销的目的。这两个要素并不难理解，但获取消费者的许可到底指的是什么？为什么能成为最首要的因素呢？

对于垃圾邮件的定义，就是在电子邮箱中经常出现的大量群发的邮件，这些邮件的发送并没有经过接收者的同意。人们对于垃圾邮件烦不胜烦，遇到这样的邮件都会选择直接删除，因此，电子邮件营销进行的前提必须是顾客的许可。但并非所有的电子邮箱地址都必须经过与顾客、消费者和潜在顾客的许可。当然，对于那些租用或购买的邮箱地址，企业就要尽可能地确定电子邮件地址，保证邮件发送的针对性，最好经过用户的许可、愿意接受电子邮件。最后，企业要注意，一定要赋予邮件接收者"取消订阅"的权利和机会。

事实上，很多电子邮件营销虽然需要经过用户许可，但却剥夺了顾客"取消订阅"的权利。看起来能帮助企业留住客户，但实际上会招致顾客的反感。近九成的消费者表示，如果是这样的话，就不再可能浏览该企业的其他电子邮件。因为在他们看来，这是一种侵犯隐私权的表现。企业在消费者的抵制下，不仅可能会导致整个营销计划破产，更可能间接影响企业声誉，甚至可能对之后的经营活动和营销活动产生负面影响。

2.邮件主题有意义

电子邮件营销的邮件必须要与普通邮件一样，要有非常明确的主题。事实上，醒目且主题明确的邮件不仅能明显与垃圾邮件区分开来，还能帮助消费者实现了解邮件内容，吸引消费者打开邮件，提高电子邮件的阅读率。所以，企业应将通过下列方式认真设计邮件的主题。

电子邮件主题不能过分简单，也不能过分复杂，但也不能有对于主题字数的严格标准。通常，电子邮件主题应该保持在 8~20 个字范围内比较合适，既可以将重要的信息表达清楚，又能强调出有价值的信息。因此，企业为了让邮件主题发挥出最佳效果，必须要在保持字数的前提下，测试邮件主题。企业可以先拟订几个不同的电子邮件主题，向用户征求意见，进而选出其中一个最佳主题作为邮件主题。

邮件关键词必须要丰富。据调查指出，近四成的用户在收到邮件后，并不都会立即对邮件内容做出反应，甚至可能需要等到 1 个月后才做出反应。而对于这种情况，企业需要让邮件主题含有丰富的关键词，这样做不仅能增强用户的印象，还能增加邮件被顾客检索到的概率。

将邮件内容的精华融入邮件的主题中。很多企业虽然明白这一点，但并不完全了解其中的好处，而在实际操作中就更少有突出表现者了。其实，体现邮件内容精华的邮件主题更能让消费者发现其中的价值，并迅速作出是否打开邮件阅读的决定。

将产品或品牌的独特价值体现于邮件主题中。企业一方面要向消费者展示重要信息，进而提高电子邮件的阅读率；另一方面，即使接收者不阅读邮件，也至少要在其心目中留下一定的印象。

将发件人信息中无法包含的内容包含在内。因为发件人栏仅显示有限信息，很难将详尽的信息包含在内。因此，企业为强化邮件接收者对发件人的信任，可以将其他一部分内容加到邮件主题中。特别是在用户对品牌信任程度不高的情况下，这种做法显得尤其重要。

注意区分用户的性别。针对不同性别用户的不同类型的电子邮件对用户的阅读决策不会产生相同效果。如果站在男性用户的角度思考的话，富有吸引力的新闻、信息最能吸引用户注意，而折扣信息对女性用户更具吸引力。所以，企业在进行电子邮件营销的过程中，要注意区分用户的性别，因为这对于邮件阅读率来说极为重要。

3.发件人具有吸引力

对于用户而言，熟悉且值得信赖的发件人将首先决定其是否打开邮件。因此，企业必须如实填写发件人地址。之所以这么做，是为了防止用户不打开邮件，至少可以在一定程度上起到宣传作用。

对于那些用户订阅的企业信息，一般情况下不会被视为垃圾邮件而丢进垃圾邮件箱。那么，这时，邮件主题将成为决定用户是否打开电子邮件的决定性因素。而一旦发件人未获得用户许可，而是由电子邮箱服务商发送，这时发件人的信息将会影响收件人是否打开邮件。调查显示，超查过十分之一的用户通过发送电子邮件来判断发件人，并决定该邮件是否是垃圾邮件。换句话说，如果用户收到的是来自某一知名企业发来的电子邮件时，因为自身的信任或者熟悉感而选择阅读，而很少会将其视为垃圾邮件。

除此之外，企业在填写发件人信息时不能过分追求个性化。现实的营销活动中，很多公司为获得较高阅读率，通常会在发件人一栏上填写千奇百怪的名字。这种标新立异的做法虽然会获得一些点击率，但同样也会引来用户的反感。并且，企业在填写发件人信息时不能出现乱码。很多企业为方便，直接使用乱码填写发件人信息栏，这就会导致邮件被直接判定为垃圾邮件。

4.内容方便预览

对于使用 MS Outlook Exepress 等邮件客户端程序接收电子邮件的用户来说，在程序默认的情况下，有一个并不十分大的邮件预览区，如果企业能够充分利用这一区域，就能更好地向用户进行推广。另一方面，用户即使已打开邮件，也不一定会认真阅读全部的内容。尤其是在邮件内容比较复杂的情况下，用户更多会选择一览而过。这时，预览区的内容显得尤其重要。而内容预览区中的企业标志、优惠措施和新产品信息等内容更有利于企业迅速向用户传达信息。

5.确保收件人信息正确性

如果企业能确保电子邮件收件人信息的正确性，能够让用户产生邮件是针对自己而发的，并且要比不留用户信息的效果要好得多。而同时，一封令用户感觉与自己有关的电子邮件也为用户带去了企业的关怀。通常，这种个性化的电子邮件能为用户带去亲切感，也有利于企业的声誉。据调查，有超过四分之一的用户对于以用户姓名开头的电子邮件会选择打开阅读，相比于缺少收件人称谓的电子邮件，这种类型的电子邮件更可能受到关注。

❖ 善用博客，展开口碑营销

博客（Blog），又称"WebBlog"、"网络日志"，是一种起源于 20 世纪 90 年代中期美国的，通过网络表达个人思想的信息交流平台。其内容按时间排列，并不断更新。在《市场术语》中，作者对其作出了定义，通常由一系列按照日期排列的简短且经常更新的短文构成的网页。博客的内容可以是新闻、日记、照片，也可以是小说、诗歌、散文，但都主要是个人思想的表达。随着这种倡导思想的交流和共享方式的兴趣，博客逐渐从网络日志转变为集个人思想传播、深度沟通和娱乐休闲为一体的互联网新应用。根据专家指出，博客是继 E-mail、BBS、QQ 等之后的第四种网络交往方式，是著名的 SNS 交流方式之一。

什么是博客营销

究其本源，博客营销指的是建立在聚合效应基础上的口碑营销，其主要价值体现在实现点与点之间的联系。在营销中，博客扮演着各种角色，从媒体（Blog）到消费者（Blogger），从传播者到受众。利用博客之间的网状联系实现信息扩散，并放大口碑的效应。同时，博客还有聚合效应，能将有相同爱好或兴趣的人聚在一起形成一个所谓的交际圈。就像是汽车发烧友组成的"汽车圈子"，数码产品发烧友的"数码圈子"，还有"品酒的圈子"等。从营销的角度来看，这就是一种顾客群的划分，能帮助企业更准确地把握信息传播的效果，从而进行口碑营销。

博客因发布及时性重大新闻而闻名于世，也因此而受到很多人的关注：博客是以直接、率性、全面和富于思想的方式向他人表达自己的思想的网站。其自由、信息完整和思想性表现了自身所具备的开放性、个人性、共享性和互动性的特性。也正是凭借着这些特性，外加自身所吸引的独特的客户群，表现出了出色的"自扩散"效应，以及服务商在产品、服务和市场方面的创意。为此，博客使用者数量快速增长，受众范围不断扩大，表现出很强的发展趋势。

换个角度来看，博客营销就是口碑营销。其实，在企业使用博客营销的过程中，博主（Blogger）起到不可替代的作用。博主通过在博客中记录产品的体验，从而吸引来更多的人参与到产品体验中来并记录在各自的博客上，实现口碑的快速传播。在博客世界中，口碑所带来的并不完全是有利信息，不论是正面的还是负面的，都能以"病毒式"的速度广泛传播。如果企业能将口碑的公信力、员工的真实观点和博客的传播力凝聚到一起，从博客中听取、甄别和采用意见，距离营销成功就不远了。

博客口碑营销的优势所在

综合诸多的网络媒体来看，博客是最能有效保证口碑营销的网络平台。这是因为博客的本质特征刚好符合口碑营销的以下三种要求：

1.共享性和交互性

博客具有共享性和交互性，能够满足口碑营销要求的互动性。如前文所述，口碑营销鼓励企业与消费者之间的交流互动，并希望营造出信息接收者之间充分自由的信息交换和经验共享的气氛。而如门户网站、E-mail等当前流行于网络上的媒体，都是自上而下、单向的交流方式，博客则可以实现读者与作者、作者之间的互动，模糊了读者与作者之间的界限，使二者合二为一。并且，因为博客是一个开放的网络交流平台，所以，也就大大降低了人们进入网络自由发言的门槛，保证了人们能够自由地共享信息、思想、经验和情感等。另外，博客把最珍贵、最有价值的信息呈现在大家面前，可以实现相互之间的交流分享。可以说，博客为信息共享提供了可能性。

2.专业性和聚合性

博客具有专业性、聚合性的特征，产生了网络中的"参考群体"和"较有影响力的人"这样的人群。其中，较有影响力人群和参考群体是企业开展口碑营销的中坚力量。因为博客具有专业性，可以将拥有同样兴趣爱好或者学历的人汇聚到一起，就共同感兴趣的话题进行深入讨论。而博客也具有聚合性，它能将相似类型的群体通过链接建立起之间的联系，成员之间互相参考，而就在这个过程中主流意见产生了。总之，在博客专业性和聚合性相互作用下，参考群体和较有影响力的人应运而生，并成为了口碑营销的中流砥柱。

3.即时性

博客具有即时性特点，它可以帮助企业提高口碑营销的有效性。无需高深的网页制作技术，只要保证联网就可以完成个人行为和思想的即时记录，博主也可以随时随地更新页面。正因为博客随时更新，也创造了随时阅读博客的习惯。所以，博客的即时性保证了更新内容对读者持久的吸引力，同时，还可以通过信息反馈来弥补之前的问题和不足，增强信息传播的针对性，强化口碑传播的效果。

博客营销的运营方式

在博客营销逐渐成为主流营销方式的同时，企业必须要注意以下几个问题对口碑营销的影响：

1.企业博客的建立

企业要想通过博客进行口碑营销，首先要做的是选择合适的平台，利用恰当的方式建立便于实施口碑营销的企业博客。而关于官方博客的简历，有三种方式：一种方式是自建，企业在自己的网站上建立博客，有专属域名，拥有独特的页面风格，并在其上发布博客日志；另一种方式是利用第三方博客平台开设博客，不需要注册域名、租用空间和编制网页等；第三种方式是建立附属博客，在某一网站某一个栏目或频道的基础上，建立起自己的博客。现实工作中，企业要结合自身特点和口碑营销受众的行为特征，对建立博客做出恰当的选择。

2.结合营销行为

为了发挥口碑营销的巨大优势，企业应该把博客与营销行为相结合。第一，企业的目标是通过博客对品牌、形象进行宣传，同时吸引潜在客户的关注。例如耐克公司在 Gawker Media——一个专业的博客网站上做了一项关于"速度艺术"的专题推广，为自己塑造了"追求速度艺术专家"的品牌形象。这项活动的目的很显然就是要先把追求"速度艺术"的理念传递给较有影响力的人，然后再通过这些人形成口碑效应，塑造企业的品牌形象，赢得潜在客户的关注。同时，增强老用户对公司的忠诚度。第二，通过博客促进企业新产品的推广，提升产品知名度。例如，常见的是部分高档彩妆品牌的推广博客汇总，营销目标更明确，其效果也很明显。有或者像奥迪 A3 跑车那样，在美国新车发布会上制造了一个戏剧性的开头：新款奥迪 A3 跑车跑"丢"了。随后，奥迪公司在互联网上发布一系列关于该车的图片和搜索线索，吸引来了近百万名美国博客用户的参与。借助这次博客营销，奥迪 A3 火遍全美。第三，利用博客与消费者实现有效沟通，实现消费者对产品或服务的监测功能。在这方面，亚马逊公司的表现非常出色，它为所有的书籍作者开通了博客，无需自己努力就可以让作者参与到书籍营销的行列中来。同时，通过作者与读者之间的互动，实现更好的在线销售效果，达到更好的口碑效应。

3.对博客进行有效管理

企业应该对官方博客实施有效的管理。利用专人来管理博客，像对待官网一样经营博客，结合博客独有的形式特点，实现即时更新、维护。其中，更重要的是，通过有效管理博客，实现企业对危机的防范和杜绝。另外，伴随着博客影响力的增强，不仅要肯定网络在口碑营销中的巨大作用，还要防止网络所带来的种种危机。因为，博客用户自主产生新闻的机制将会增加企业及其产品曝光的机会。也即是说，企业必须控制好博客可能为其带来的危机，否则将可能导致自身营销策略的失败。

❖ 借用 BBS 进行口碑营销

　　网络时代在深入发展，消费者可以通过电子邮件、MSN 等即时信息工具、在线论坛（BBS）和门户网站讨论区等形式进行口碑传播。因为互联网信息传播具有高速高效的特点，所以，网络口碑的传播比传统的口口相传方式更具威力，其中以 BBS 上的口碑传播最为显著。在网络时代，BBS 这一口碑传播方式应该如何应用才能更好地树立良好的企业形象呢？就目前而言，中国互联网上的 BBS 十分发达，数量已超过百万，位居全球第一。在这超过百万个 BBS 中，有的是大型门户网站的附属网站，但多数还是具有较强专业性且受众具有一定相似性的 BBS。因为这些网站的浏览者多数是某个领域内的专业人群，所以，也就决定了 BBS 具有一些与众不同的特征。而这些专业 BBS 利用自身的优势，也正在为特殊人群提供独特的服务。

　　中国拥有庞大的网络用户群体，博客、微博、BBS 论坛等数量也十分可观，而中国人也十分乐于到网络中参与信息交流讨论。据有关数据显示，接近一半的中国 BBS 用户会在博客或是网络聊天室中发表评论，或者通过其他方式参与到信息交流中来，人数是美国两倍不到。与世界上其他国家的网民相比，中国的网民也具有其自身的独特性，频繁、自然和有效地接触网络正是其特征之一。其实，对于有上网条件的中国人来说，网络已然成为其娱乐、信息获取和社会交往的主要方式。因此，可以预见到利用 BBS 进行口碑传播的巨大效应。

BBS 营销的内容

我们可以将在 BBS 上传播的口碑内容分为以下四种类型：

1.功能介绍类口碑信息

关于这类信息，多数是关于产品的客观介绍，当然，也会附加主观的评价。此类信息的口碑传播者多数是对产品信息，尤其是新产品信息较为关注的人。由此可知，多数是由企业自己来扮演这样的角色，在论坛里发布有关产品的正面信息，以实现口碑传播的目的。然而，这样的信息大多以宣传为主，倾向性也较为明显，很容易就能被网友看出来，所以并不十分受欢迎。但如果这一信息是由消费者发布的，则更具有公正性，即便受到来自自身水平的限制不能完全准确把握产品信息，但在一定程度上也为其他消费者提供了借鉴。例如网络中较有影响力的人所提供的信息，具有较高可信度的信息源，也更容易起到正面作用。但事实上，对产品功能的介绍信息更容易吸引网民的注意。

2.经验类口碑信息

现实生活中，很多人在使用产品后，乐意去与其他消费者分享消费的感受、产品的功效和使用的方法等相关经验，这其中就包括正面或负面的口碑内容。因为其本身就是消费者的体验结果，所以具有更高的说服力和可信度。人类的天性就是分享，向他人传播自身的经历、感受。通过日记的形式分享使用经验，对产品使用感受进行客观描述，但不做任何结论性的评注，属于中立型的口碑信息。因为赞扬或批评的口碑多数表现出明显的指向性，所以能直接影响到所涉及的产品。然而，这样得到了消费者较高的关注度，因为这类口碑信息更贴近现实生活，也更具有实质意义——方便消费者进行对比选择，衡量产品性能等。同时，还能帮助消费者从中获得明确的意见指导，规避购买风险。

3.求助类的口碑信息

消费者在购物前，通常要搜集相关资料，特别是对于自己并不熟悉或没有购买经验的产品就更要检索信息。而网络在为消费者提供海量信息的同时，也提供了无限广阔的交际空间。因此，消费者除了可以自己检索信息外，还可以通过网络向他人求助。于是，BBS 论坛的作用就凸显出来了，它可以给消费者提供了一个咨询、求助的平台。在 BBS 众多参与者中，消费者最终总是能从其中的部分人口中得到想要的答案。

4.相关软信息

另外，BBS 论坛上还有一种与产品相关的软信息。不同于其他几类信息，这种软信息是建立在产品附加价值基础上的，是以满足受众心理需要为目的而发布的，主要包括品牌的发展故事、与品牌相关的名人轶事或趣闻趣事，例如广告等的宣传资料等。虽然这类信息没有对产品的直接评价，但其对于提高产品知名度、激发消费者的心理联想、培养消费者对企业品牌的忠诚度以及增强买卖双方的心理距离等都具有重大意义。其中，广告正是一种常见的软信息。如 2000 年，本田公司拍摄的汽车广告一夜间传遍整个互联网，并因此赢得了消费者的良好口碑。因为同一 BBS 上关注口碑信息的受众与参与口碑传播的群体之间存在一定的共同性，例如可能都会对某些信息感兴趣，因此，广受关注的口碑会引发更好的传播效应。

BBS 口碑营销的技巧

1.培养有影响力的人

在 BBS 口碑营销过程中，有影响力的人起到主要的推动作用，这也就导致了很多开展口碑营销的企业都在寻找为自己所需的有影响力的人。企业可以通过在线下的口碑营销中搜索，着力对其进行培养，以为企业所用。著名的快销企业，宝洁公司不断地在寻找并栽培了一批又一批联络员型的消费者，协助公司进行口碑营销活动。同样，这些人在 BBS 口碑营销中化身为著名 ID，活跃于各社区论坛中。因此，相对线下活动而言，线上活动的有影响力的人更容易被找到，因为其形象已被固化为一个 ID，企业可以直接通过信息搜索找到。然而，相应的，ID 背后的主体隐藏得更深，也就加大了培养的难度。因此，企业在分析著名 ID 时，要注意到该 ID 可以通过知名度和可信度累计形成，可后天获得。这些 ID 的所有者在各论坛、帖子里积极发帖、发言，注意培养粉丝。而企业只需要利用该著名 ID 有针对性地进行口碑营销，掌握住 BBS 口碑营销的主动权。

2.引导口碑信息发布

企业制定营销策略的主要依据是自身及竞争对手的相关市场信息，消费者的习惯、喜好和预期等。因此，市场和消费者信息的搜集对于企业来说，非常重要。但企业要怎么做才能从 BBS 上搜集到想要的信息呢？企业只可以浏览网页上存在的信息，因此，需要主动导出更多有价值的信息。一般情况下，BBS 上最受关注和最多回复的帖子绝大多数是关于咨询求助的，所以，企业利用发帖询问以获得消费者的反馈，进而收集自己所需的信息。并且，企业要对收集到的信息进行筛选和整理，找出其中有价值的部分，并据此对企业的营销策略作出调整。其实，企业进行 BBS 口碑营销的方式并非直接利用所获得的信息，而是通过对 BBS 口碑的发掘来制定口碑营销策略。

3.传递准确口碑信息

互联网时代的口碑信息具有复制性强、传播速度快以及随意性、匿名性等特征，这就表示信息极有可能被歪曲。消费者偶尔发出的一个错误信息，通过互联网的传播可能会为企业带入巨大的灾难。因此，企业在利用 BBS 传播口碑时，要坚持向消费者传递真实、完整、具体的信息，避免因为信息抽象、片面、不完整而导致双方之间的误解。一旦误解产生，企业应正视问题并及时作出处理，同时，还要如实告知消费者。从消费者的角度来看，清晰、明确的口碑更容易传播，相反，则可能会引起消费者的误解，不利于口碑传播。这就要求，企业在向消费者提供口碑信息的时候，要保证口碑信息清晰且具体。

另外，结合品牌与典型故事或事件树立起品牌的形象，相对更容易。

4.重视企业在口碑营销中的道德感

即使网络口碑营销具有匿名性的特点，道德意识并不像现实生活中那样受到重视。但企业要想赢得好的口碑，还是需要注重诚信，立足长远，搞好产品质量。消费者通过 BBS 自由发帖，不受门槛限制，一个帖子在几秒钟内就会吸引成千上万的人的关注，可见其口碑传播的效率之高。例如，某 BBS 论坛上有人发帖披露关于 Intel 奔腾芯片的缺陷，很快吸引来了千万奔腾用户的注意。因此，很多企业特别关注在 BBS 论坛上对自己产品、品牌进行讨论的帖子，以便迅速了解情况、解决问题，这进一步说明了消费者可能会因为认知错误而导致对企业误解的可能性。然而，有的企业会故意安排专人，企图控制 BBS 里对产品的意见。这也就是我们经常看到的，在 BBS 上，某些人伪装成普通网友，发帖大肆称赞某企业的产品，甚至还会有的企业在发现对自己不利的帖子后，就想方设法删帖。这样做的结果只会破坏网络的交流环境，让网友对 BBS 上信息的真实性产生质疑。例如，购房者常常会浏览房地产网站上的论坛，查看各房产项目的相关评论，却常常会发现某些负面的言论总会被删除，只留下一片称赞和类似广告的帖子。本来，网络就是一个传播口碑绝佳的途径，但一旦面临严重的信任危机，其功能也将会受到影响。诚信是企业生命之源，而企业开展口碑营销前提正是保持良好的诚信记录。开展口碑营销，尤其是在网络这一虚拟的环境中，即便是网上那些对企业产品不利的消息也应采取正确的态度对待。

5.丰富口碑内容和传播形式

不同内容的口碑信息能引发不同的传播效果，而盲目、无针对性地传播口碑信息只会导致资源浪费，还很可能被认为是"广告帖"、"炫耀帖"等，甚至可能会引来版主删帖。因此，企业必须要站在消费者的角度上，从营销效果出发，根据消费者的心理需求设计并制定出恰当的口碑内容及传播形式。据研究显示，使用经验类口碑信息能够起到正面传播口碑的效果。因此，企业在口碑形式的选择方面，应该尽可能邀请消费者发表日记型的经验分享帖，客观中立地发表对产品的看法和购买经验。同时，企业还可通过积分兑换等方式吸引更多消费者发布对企业产品有利的口碑。在传播形式上，企业还可以让营销方式变得更加丰富，配合图片及其他多媒体形式增强传播口碑的可读性和说服力。

来看一个通过 BBS 进行口碑营销的案例：

2009 年 3 月，腾讯拍拍网推出购物超值理念，此次活动的目的是提升拍拍网在目标人群中的知名度、认知度，即让这部分人知道"拍拍"。对拍拍有初步或深入了解，认同"在拍拍网上购物超值"这一理念。根据腾讯拍拍网销售热门产品和买家的购物特点，腾讯公司实施了一系列独特的推广策略。此次针对拍拍网的宣传主要以论坛营销为主要推广方式，用论坛互动的形式，零距离接近网友，用真实可信的论坛帖吸引网友关注拍拍网，接受拍拍网的购物超值理念。通过强有力的推广，一周时间内，腾讯拍拍网的会员注册量即达到上万，让更多的用户了解腾讯拍拍网购物超值的理念。

6.直面负面口碑

关于企业产品负面的口碑会在互联网中，不断被复制、传播，进而导致很多负面的影响。但负面口碑的出现和传播并不完全受人控制，企业所能做的就是提高警惕。因此，企业需要聘请网络把关员，一旦有负面口碑出现，就立马将问题的症结弄清楚，而不能盲目地一刀切控制网络信息传播。如果企业证明是谣言，就应该立即给予澄清和反击。如果是非致命问题的曝光，企业需要说明真相，坦诚面对问题，诚实对待质疑。如果是产品质量危机的爆发，企业就应该向顾客诚恳地道歉，不计损失积极处理危机，重获消费者的信任与尊重。因为任何一家企业都不能完全避开顾客的批评与不满，企业只需做到诚实对待即可。在网络时代，任何粉饰太平的行为都可能被放大无数倍，成为所有人关注的焦点。因此，企业要充分重视负面口碑的存在，对已出现的问题要积极给予关注并及时解决，从而减轻负面口碑的伤害，实现情况的扭转。

❖ 新时代的微博口碑营销

在这个信息爆炸的时代，每个人都是信息的受众，也是信息的传播者。无论你接受与否，都不能否认，微博已经成为很多人生活的一部分。无论年龄、知识水平以及社会地位如何，每个人都可以在微博上传递信息，也可以在微博上表达观点意见。有人的地方就有信息，有信息的地方就会存在一个隐形的有影响力的人，在微博上就是微博红人。当然，那些一直关注市场动态的优秀营销人员以及企业家们，都开始顺应时代的潮流，利用微博实现口碑营销目的。

根据易观国际《2011 年第 2 季度中国微博市场季度监测》数据显示，当年第 2 季度中国约有 1.74 亿个微博活跃用户，环比增长 21.4%。预计 2011 年年底，微博用户量将突破 2.5 亿，超过一半中国网民将成为微博用户。显然，微博会成为未来商战的又一重要战场。

微博口碑营销，即是通过在微博上进行口碑传播，培养有影响力的人，从而在交流过程中将企业的产品、口碑和文化灌输给受众，从而实现口碑效应的一种方式。当然，微博营销这一口碑传播方式并不罕见，也不乏成功案例。其中，例如新浪微博就是个中的佼佼者。

新浪微博："微博快跑"——动起来的口碑

2010 年 8 月 28 日，新浪微博正值创办一周年之际，举办了一场名为"微博快跑"绕城活动。在活动中，将会看到十辆造型各异的 MINI 微博车队，载着特色礼物和 8 名网上征集的微博用户在北京城绕行。该活动路线涵盖从中关村到北京的大街小巷，途经五道口、鸟巢、朝阳公园等北京地标性场所，向每一位路人传递了将微博"随时随地分享"的精神。该活动是新浪为庆祝微博开通一周年而组织的，是国内微博产品首次大规模从线上延伸到线下的活动。也正是这次活动使得新浪充分利用微博创新的特点，大胆突破常规从而造就大事件，从而引起传播效应。

并且，从 8 月 20 日开始，"微博快跑"官方微博就被公布并通过话题讨论、悬念设置、礼品激励等形式为活动预热。直至活动当天，车队每到一站都会组织车内、现场和线上的网友进行互动，引发各大媒体的高度关注和竞相报道。即使活动已经结束了三天，百度搜索的"微博快跑"仍旧有 71 万条相关搜索结果。"微博快跑"的信息通过这种极速传播方式，瞬间传遍了全网络，获得了用户的普遍好感和信任。所以，从某种意义上来说，这不只是一场成功的庆生秀，也是一次结合微博、口碑和公关活动为一体的营销活动。

事实上，2006 年 Twitter 在美国出现，相比之下，微博真正进入中国人民的生活中也不过才 4 年。虽然有许多中国微博先驱者先后进行了不懈探索，但直至 2009 年 8 月新浪微博正式开通，中国才迎来了微博的时代。通过沿用博客推广的成功经验，新浪微博在短时间内就迅速火遍全国，成为年轻人，甚至部分中老年人进行交流的主要 SNS 平台。

同时，新浪微博作为国内最早由门户网站推出的微博，也因此而成为国内微博界的领军人。据《中国微博元年市场白皮书》数据指出，随着用户数的不断增长，每天都会有海量信息在新浪微博上产生并传播。而仅 2010 年 7 月，新浪微博产生的总微博数超过 9000 万，日均微博数量就超过 300 万，平均每秒都会有近 40 条微博出现。

微博口碑营销方式

当然，想要实现微博口碑营销的真正功效，并没有那么容易。我们可以通过以下几种方式来实现：

第一，微博口碑营销的初级方式：通过促销活动发起和传播宣传信息，树立口碑。例如，通过微博账户发起 @ 多少位好友进行抽大奖之类的活动，以此实现信息的传播。但由于这种方式经常被当下很多企业普遍采用，虽然起到了一定的效果，但也正因为被普遍使用而造成公信力和吸引力下降，最终的效果并不理想。

第二，微博口碑营销中级方式：主要是通过微博事件的发起，并以此进行传播。例如，著名的微博营销账号"随手拍解救大龄女青年"就是一个非常经典的微博事件案例。在短短数天内，该微博引来数百万微博网友关注，并受到全国数十家卫视、报纸和杂志的采访。试想一下，如果将其利用于百合网或者世纪佳缘宣传上，将会产生超过 200 万的价值。然而，因为这种营销方式本身需要很高的事件和话题策划水平，并且因为劲爆话题随机性的特点，也即意味着其具有一定的时效性。

第三，微博口碑营销的高级方式：这是指将网站用户体验和微博的深入结合，实现战略层面的传播。当然，这也就需要对网站做一定程度的改造，包括对微博用户的注册登录、内容转发等方式的改造。因此，这就需要微博的应用程序与之配合，从而实现微博用户体验与传播之间的配合。譬如：网站会在授权注册页面、产品界面等方面设置有相应的分享选项，并自动与各个关联账号链接并分享内容。并且，这种分享方式主要基于微博用户自身的自愿选择，也就能在更大范围内宣传企业的产品、文化及用户口碑。然而，这种方式也存在一定的缺陷，如它虽然具有很高的转换率，但投入较大，并不适合小型的推广活动。因此，对于中小型企业而言最好将前两种方式结合起来进行宣传。

此外，还有一些如微博红人转发、草根微博评论转发等一些基本的方式，都是快速提高粉丝量的方法。但无论如何，最重要的仍旧是做好企业产品、服务的定位，瞄准用户群有的放矢地进行微博口碑营销。对于企业而言，微博口碑营销的最终目的都是为了获取更大利益，并实现最大范围的宣传。

❖ 社会化的微信口碑营销

微信是一种新型的信息传播途径，微信用户之间仅需要通过智能手机以及网络就能实现文字、图像、视频、语音等的传递，信息传递快捷方便，且成本低廉。这也就是为口碑营销创意者提供了一个新的信息传播方式，也为口碑营销带来了新的机遇。

然而，与微博口碑营销等网络营销方式不同的是，微信口碑营销的途径更多样化，且针对性更明显。其中，主要包括几种具代表性的方式：

漂流瓶：是指将信息放进漂流瓶中，用户主动捞起即可获得。这种方法简单、方便，但针对性并不强，而且极可能会因为自身知名度不够而引起用户对品牌和产品的厌恶。并且，用户每天捞取漂流瓶的机会仅有 20 次，很难实现预设的口碑营销目的。当然，这种方式也并非一无是处，对于部分拥有较大知名度的电商、品牌商家或者知名企业而言，其可以通过漂流瓶推广的方式来扩大自身影响力，进而传播口碑。

设置签名：是指在签名档上放广告或促销信息，就可以被周围搜索用户发现。通常情况下，这种方式能让周围用户获取有效信息，并具有较高的转化率。然而，这种方式也会受到签名 29 个字符的限制，并且其覆盖范围并不大，传播成效不显著。因此，只有经常刷新附近的人或摇一摇，才能达到传播签名上广告信息的目的。通常，这种方式会被应用于出租车、快餐店、快消品商家等的口碑宣传营销过程中。

二维码：是指用户通过扫描二维码的方式，添加好友、实现互动的方式。这种方式所吸引的主要是产品或品牌的忠实用户，且更能吸引用户对自身产品进行消费，因此具有更强的针对性。但这也就表示，只有用户主动扫描才能将口碑传播出去，也即是说商家具有一定的被动性。这种方式主要适用于与用户紧密关联的产品宣传中，例如电商、个体户、品牌商等。

开放平台：是指商家把网站内容分享到微信上，或将微信内容分享到网站上的一种传播方式。通过这种方式，商家可以在一定程度上，加深与用户之间的联系，并能更好地宣传口碑。然而同时，这种方式针对的用户有限，范围受到用户群的限制。因此，这种方式适用于任何口碑营销。

朋友圈：是指通过手机应用、PC 客户端、网站将图文信息及其链接迅速分享到朋友圈中，是一种私密社交的方式。这种交流更表现出封闭性的特点，因此，能够更快更好地实现口碑效应。但因此，活动的开展也会相应困难。这种方式主要适用于对特定受众群体进行口碑营销。

公众平台：是指通过微信认证账号、品牌主页进行营销，是一种推送信息渠道。这种方式的主要受众是该账号的粉丝，因此更容易将信息传递出去。但因为每位用户所关注的品牌不少，也即是说，会受到很多品牌的推送信息，这也就导致这一品牌的信息很容易被用户厌烦。因此，这种方式主要适用于公众人物进行口碑推广。

事实上，有很多企业在不断尝试这一创新的营销方式，其中不乏很多成功案例，如招商银行的"爱心漂流瓶"活动、创业影院的"线下活动微信签到有礼"、北京朝阳大悦城"微生活会员卡"等，在微信互动的同时，吸引用户的关注及支持。这些都为企业带来了良好的借鉴经验和启迪，促使企业不断改进自己的口碑营销方式，以达到最佳的宣传效果。

此外，企业在进行微信营销的过程中还要注意以下几点：

第一，必须要有明确的目标。企业通过微信传递信息，进行口碑营销的时候，必须要有一个明确的目标，否则将会变成无头苍蝇，只会无功而返。事实上，企业必须明确自身目的所在，如：利用微信向用户传递促销信息，是为了让用户能够成为信息的传播者。针对适合的目标用户进行适合的营销，将会减少企业的开支，具有事半功倍的效果。因此，企业只有具有明确的目标，才能保证传播内容的针对性。

第二，企业还必须明确微信推送的信息和时间。微信的内容是明确用户是否会阅读，是否会感兴趣的关键所在，企业至少必须要保证其所推送的内容让消费者不产生厌恶情绪。另外，时间也是一个重要的影响因素，例如过于频繁的信息将会引起收信人的反感。因此，对于企业而言，必须要准确把握好推送的信息内容，可以推送一些问候语等，并且还要注意质量和数量的控制，否则只会适得其反，招致用户的厌烦。

第三，企业必须要注意对用户发送信息的引导。例如拨打移动客服10086，常常会听到"充值请按1，查询当月消费请按2……"这样的话，这就是对客户的引导。通过这种方式，可以更有效快捷地完成交易或者服务，实现有效沟通交流，同时，还能为客户和商家自己节省时间。这样一来，良好的口碑自然也就不会远了。

第四，企业需要及时查阅并回复用户发送的信息。但因为现实运行过程中，企业获取来自用户的信息会越来越多，如果一一回复并不太可能，也不科学。因此，企业可以设置关键词，可以根据关键词批量回复。这样可以为企业节省时间，也能让用户得到较为满意的答复。当然，这种方法并不能让企业一劳永逸——企业必须要定期更新回复内容，不要让消费者感觉到企业的敷衍和漠然。并且，一旦用户多次受到同样的答复，其后果也就不言而喻了。

　　总而言之，企业必须将以上几种方式巧妙结合、灵活运用，并结合上述注意事项，进而赢得消费者的认可和肯定，将口碑传播出去。

❖ 其他网络口碑营销方式

除了以上口碑传播的方式外，企业还可以运用其他网络工具进行口碑传播，例如以下几种：

资源下载传播口碑

关于这种方式，企业可以向消费者提供一些网络资源，以实现口碑的传播，其中，例如免费、娱乐和工具三类资源可以用于这种口碑传播。

1.免费类网络资源

免费资源在任何时候都会引起人们的关注和主动的传播，例如免费邮箱、空间、域名、软件等，一般都是试用产品或者其他收费产品的赠品。免费产品在口碑营销中，起到吸引关注、鼓励参与的作用。现在，网络口碑营销的普遍做法就是提供免费电子书，然后在免费电子书的页眉中附加商业信息。这样，网民在阅读时，在不影响阅读的条件下，可能会不经意间接触到商业信息。而电子书不仅方便客户长久保存，还方便分享。

2.娱乐类网络资源

生活离不开娱乐，娱乐是人们共同的生活元素。试想一下，你在 QQ 群中转载最多的是什么样的内容？极可能是各类笑话、俚语等。娱乐信息是少有的，能引起客户兴趣的一种信息。因此，企业可将商业信息与娱乐信息相融合，或者在娱乐化的传播场景中进行口碑传播，使得传播效果更加显著。并且，随着网络视频的兴起，娱乐的内容将会以一种更加立体化的方式展现，而娱乐类视频也更具直观性，更容易在短时间内创造轰动效应。另外，网络的出现造成视频制作和创作的门槛降低，更有利于企业口碑的传播。

3.工具资源类网络资源

主要是指各类便民服务信息。针对这些日常信息，企业可以向顾客提供常用的网络工具或查询服务，如公交查询、电话查询和天气查询等服务，同时在论坛、博客等上同步更新这些实用的查询链接，既方便客户查询，还能创造产品或服务的口碑。

下面的这个例子可以佐证：

IKEA 图片标记活动的目的不仅仅是宣传实体店的商品，而且要让更多人认识到 IKEA 的精品家具，偏重于增加品牌和产品曝光度。此次活动的平台是：Face book，利用 Face book 中的图片标记功能进行放大，即用户和好友可以在用户上传的图片上面标记任何他们感兴趣的人或物，并加入简短的注释。首先，在 Face book 上，IKEA 为其实体店创建了一个账户；然后，定时上传图片并告诉网友："谁在（IKEA）图片上第一个标记出自己的名字，图片上面的家具就归谁"。用户在图片上框选出自己喜欢的家具，然后标记上自己的名字，如果你是第一位标记者，这件家具就归你。该活动通过用户间的口碑传播，迅速扩展。很多用户每天都等待着 IKEA 上传图片，IKEA 的家具一遍又一遍被用户查看，生怕漏掉哪件钟爱的家具。这种做法有很强的互动性、参与性和传播性。

通过提供邀请、推荐和祝福传播口碑

关于邀请类口碑营销，其始创者正是 Google 的 Gmail，Gmail 邮箱并不接受公开注册，它需要现有用户的邀请才能注册。正是由于产品的稀缺性才吸引来了潜在消费者的好奇心，也就激发了邀请口碑营销的发挥。并且，邀请还能让那些有共同兴趣爱好的用户组成一个"圈子"，方便其在内部相互交流信息，更方便企业做口碑推广。

　　另外，推荐类口碑营销也是一种很常见的口碑营销方式。例如提供图书资助出版的书谷网在最初的推广中，采用的就是这种营销方式。用户只需要向三位好友推荐书谷网就可免费获得一本赠书，通过朋友间的推荐，企业也就能更有效地进行宣传。

　　此外，祝福传播也十分常见。每逢节日到来的时候，祝福类信息就成了网民们关注的焦点，并促成了巨大的检索量，而其最主要的扩散渠道是 QQ 群、论坛和博客。因为祝福类信息包含特殊的纪念意义，所以也最容易引起网民的共鸣。那么，祝福营销关键在于将商业信息融入祝福活动中，方便客户转载或参与其中。例如，百事可乐联合网易在 2006 年春节前夕开展的一项主题为"百事祝福传千里，齐心共创新纪录"的活动。网易利用邮件向其用户通知这一活动，网易邮箱用户只要填写相应内容即可自动生成一个有百事字样的彩色祝福邮件，并根据用户指定发送到目标邮箱。对于那些发送一定数量的祝福邮件，还会给予一定奖励。借助这次活动，两家公司不仅扩大了自身的知名度，还稳定了原来的客户群。在该活动中，口碑营销的传播原动力是"送祝福、创纪录"，传播途径就是电子邮件。

第七章

如何避开口碑营销的误区

企业为了塑造良好的品牌形象，实现口碑效应，不能再单独采用传统的营销方式进行信息传播，而是要将其与现代的网络营销方式相结合，在更大的范围内传播企业或品牌的信息。但网络也需要道德约束，企业必须注意不能走进误区。

❖ 如何恰当使用广告营销

至今，仅有极少数企业管理人员和营销人员意识到口碑营销的重要性，而其主要原因在于多数人陷入了以下五个误区：

产品只有极富魅力才能进行口碑营销。

口碑营销完全依靠自发形成。

只有口碑营销中的"尝鲜者"才是产品的最佳顾客。

先下手为强，且必须迅速下手。

必须要通过多种媒体和有针对性的广告措施才能引发口碑效应。

看起来这些似乎很有道理，但实际上却并非如此，例如口碑营销并不仅仅出现在娱乐、时装等极富个性的领域中，也可以出现在农业、电子、金融等领域中。在美国，超过半数的经济领域会受到来自口碑营销的影响，尤其是在玩具、运动商品、电影、电视、娱乐以及休闲等领域特别明显；而如银行等金融机构，以及酒店行业、烟草行业、出版行业、电子产品、医药饮食行业等也受到一定程度的影响；但是，石油化工行业、轨道交通行业、保险行业以及公共保障行业等却基本上不受口碑营销的影响。这就说明了，并非所有的产品行业都适合进行口碑营销。要想利用口碑进行宣传，必须要满足两个条件：一是产品要在外观、功能、用途或者价格等方面，具有某种独特性；二是产品具有明显的、实质的、适合做口碑广告的潜力，如 Gucci 手袋或 Prada 的包包。根据少数优秀的营销专家发现，可以有针对性地让消费者感受自己的产品，并可通过在网上设立聊天小组等方式，实现消费者之间关于产品看法的交流。

口碑营销并非完全是意外的产物。充满智慧的营销专家通常善于借助某些营销方法来引导、推动并控制口碑的传播。主要包括如下几种方法：

1.挑选"尝鲜者"

可以借助榜样的力量，让少数"尝鲜者"率先行动，并感染更多潜在消费群体，创造更大的市场。

2.饥饿营销

越不容易得到就越会珍惜。因此，奢侈品生产商往往会采用限量销售的方式维持与客户之间的关系，保持品牌定位，并取得不错的效果。这种方法也收到了其他供应商的纷纷效仿，如迪斯尼 1991 年限时供应一组经典影片以及苹果公司的"饥饿营销"也收效颇丰。

3.偶像的力量

通过邀请偶像代言来提升产品知名度。例如耐克产品广告中，常常能看到迈克·乔丹和泰格·伍兹出现，彰显了耐克这一世界名牌的优良形象；或者是邀请名嘴奥普拉温·芙蕾点评的书，很快能在《纽约时报》畅销书排行榜中名列前茅。同样，电影和电视对产品口碑的影响也是十分巨大的。詹姆斯邦在《金眼睛》影片中驾驶 Roadster Z3 系列宝马车，在《不可能的使命》中使用苹果笔记本电脑，这些都是经过营销人员精心安排的。一些大公司为了让自己的产品在影视中的显著位置出现，甚至会不惜斥巨资投资电影。

4.榜上有名

对于普通受众而言，排行榜是一个制造口碑的绝佳方式。多数人会选择去欣赏著名的经典电影，会选择去购买畅销品。

以上方法并不能完全照搬到每个产品的宣传营销活动中。对此，企业必须做到结合自身产品的特点，灵活巧妙地运用上述方法达到预期的效果。一般情况下，企业可以先选定尝鲜者，通过限量供应来塑造一种高端、独特的品牌形象。当然，利用偶像来宣传产品可以保留到对公众发动广告攻势的时候。

这也就要求企业学会审时度势，有意识地组织口碑广告，谨慎选择"尝鲜者"。好的尝鲜者与好的用户，两者不能完全画等号。换句话说，产品诉求的对象与选定的尝鲜者之间不一定要有重合。如，absolut 牌伏特加酒刚在美国推出时，厂家选定了旧金山市的同性恋者作为产品的"尝鲜者"，然后不断突破这个用户群圈子，最后成为美国最畅销的伏特加酒品牌。然而，事实上，这个品牌真正的诉求对象是居住在大城市郊区的中年男性。

对于口碑营销，并不分先后，所有的企业都可以利用。关于这一点，化妆品行业表现得尤为明显。例如，著名的 Hard Candy 指甲油最先在校园流行起来，然后是小型化妆品店，最后进驻大型连锁商场。随后，好莱坞电影明星 Alicia Silverstone 在一部电视剧中涂上这个品牌的天蓝色指甲油后，一瞬间使得 HC 风靡全美，月销售额从原来的 500 万美元上升到 3000 万美元，呈现出惊人的增长态势。

另外，媒体对口碑营销会产生如下的作用：媒体的作用有利有弊，既可以推动宣传，还可能阻碍发展。因此，媒体的宣传不应过早介入，不然可能会导致整个营销进程半途而废。一个企业只有将消费者之间的口头、视觉或者数字信息交流纳入策略中，才能得到消费者的称赞。而口碑广告也应该在这个交流的过程中起到作用。

　　换句话说，要想给自己的产品做口碑广告，企业就不应该采取广告轰炸的手段来提高知名度，而是应当鼓励消费者谈论或使用自己的产品，或者说服客户使用自己的产品。

❖ 塑造口碑品牌要有讲究

塑造口碑品牌是一个系统工程，在此过程中必须要注意如下几个问题：

问题一：忽视品质这一口碑的根基

单从"素质"的角度来说，品牌正因为以下两方面才不能成为名牌：

产品不具独特性；产品品质不优。

缺少独特性的产品很难在众多产品中脱颖，成为名牌。但可笑的是，那些连市场准入资格都没有、质量低劣的产品却妄图枉费心机凭借这样的产品一朝飞上枝头成凤凰，形成口碑。在所有名牌产品之中，都存在一个共性，那就是都拥有过硬的品质。追根究底，消费者最关心的还是产品的使用价值，而最大的保证就是产品的品质。虽然消费者暂时会因为强大的传播、促销而购买质量低劣的产品，但一旦发现自己上当，就不可能再选择该产品，也更加不会为该产品宣传口碑。

口碑传播是品牌营销中最有效的一种途径，其对于塑造品牌具有十分明显的功效。当然，负面的口碑也会将一个品牌毁于一旦。所以，品质是口碑传播的最终保障。

问题二：试图仅仅通过媒体广告来塑造良好的产品形象，并达到口碑传播的目的

虽然广告营销是市场营销的主要方式，但并非唯一的方式。因为塑造口碑品牌是一个系统的工程，因此，要通过广告、终端、渠道甚至是企业原材料采购等方面将品牌统一的形象及内涵表现出来。例如法国某著名品牌香水，原材料是从名贵的植物、药材中提取，再经过上百次的提炼、加工制成的，并放置在一种昂贵华美的琉璃瓶中，在一流的商场进行出售。此外，该香水的广告也非常精美，在广告词中体现出了品牌本身的高端定位。从原料、生产、渠道、包装、价格等方面，顾客能更清晰地感受到品牌的这一定位。然而，仅仅通过精美的广告来塑造口碑显然是不够的，如果将其放在超市或便利店出售，或仅仅进行简包装、定价低廉，也就很难实现本身高雅时尚的定位了，甚至还会适得其反。因此，才会有人说广告只是传播品牌的手段之一，要想发挥出最佳的效果，必须要与其他营销方式相结合才行。

现在，消费者面对铺天盖地的媒体广告，并没有以前那么盲目感性了，广告的作用已大不如前。据统计，多数企业三分之二的广告都无功而返，企业那些希望仅仅通过广告宣传来实现口碑效应的想法应该趁早打消。事实上，只有经过精心设计的、品牌丰富而独特的内涵才是塑造口碑品牌的基本前提条件，而成功正蕴含于口碑营销的每一个环节中。

问题三：轻视产品口碑

某些企业总是抱着一个错误的观点，认为只要企业有了名气就不愁自己生产的产品没有好口碑。这种想法并不全面，服务型企业因为与消费者直接接触的是企业本身，所以企业口碑可以与产品口碑相等；但生产型企业却不同，其生产出的产品并不能直接到消费者手中，需要经过渠道销售，也就意味着企业与消费者之间具有很长的距离，而企业的口碑对产品口碑的影响更小。因为，消费者更看重的是产品的使用价值，而产品的口碑才是判断这一价值的最重要的依据。因此，这就要求企业必须建立良好的产品品牌口碑形象，以满足消费者对产品使用价值的需求。其实，产品口碑是消费者对该产品能否满足自己在某些方面需求的一种识别标准，而企业口碑又是产品口碑的一种保证，并且，这种保证又来源于优秀的产品与产品口碑。因此，产品口碑与企业口碑之间是一种不可割裂且相辅相成的关系，只有结合两者的力量才会创造出更好的效益。

问题四：缺乏口碑品牌保护意识

现实告诉我们，企业要想发展壮大，除了要有适销对路的产品外，还要有自己的品牌。虽然现在的很多企业都意识到了品牌的重要性，也会倾注精力去打造良好的口碑品牌，甚至不惜消耗大量的人力、物力去塑造品牌形象，但往往会忽视对口碑品牌的保护。在这些企业看来，创造了品牌也就意味着可以一劳永逸，这个品牌将为自己带来源源不断的利润。虽然在理论上，品牌的寿命比产品寿命长得多，但没有人能知道所谓长寿的具体时限。而一个品牌即使拥有不可估量的价值，但并非刀枪不入，经久不坏的，它需要品牌管理者的用心看护，并促成其逐渐成长、成熟。正是由于现实中企业不重视对口碑品牌的保护，造成品牌延伸不当、品牌形象变化无常、缺乏长远的品牌规划、品牌被抢注等，就在这一系列打击下，企业为创造口碑品牌所投入的精力、财力、物力等也就付诸东流。甚至有企业因为缺乏品牌保护意识，导致自己长期经营的品牌被毁，这是非常可惜的。总而言之，企业要树立品牌意识，精心打造品牌形象。同时，还要加强自身的品牌保护意识，不遗余力地去维护自己长期努力得来的口碑品牌。以娃哈哈集团为例，其在注册"娃哈哈"商标的同时，就注册了很多如"乐哈哈"、"哈哈娃"、"哈娃哈"等相关或类似的商标，保护品牌商标不受干扰，保证了其在市场上独一无二的优势地位。

❖ 如何掌握口碑营销主动权

在绝大多数人看来，口碑是依靠消费者和经销商传播的，这是一个最常见的误区。事实上，消费者和经销商对于同样的产品和服务的理解不可能完全一致，这就要求口碑传播方式的巧妙变换。那么，我们可以以 Apple 的 Iphone 5 手机的口碑为例，进行说明：

设计有个性的一款智能手机；

显示频色彩饱满，APP 应用程序丰富；

人机互动表现出色，但摄像头像素不高；

性价比不高。

上述四种口碑的内容告诉我们，将口碑内容交给别人只会使企业变得更加被动，通常会出现褒贬不一的现象。那么，对于企业而言，由谁掌握口碑才是最有利的呢？其实，为了达到对产品更有利的信息传播效果，口碑的口碑传播人员是可以选择的。在这种情况下，相关领域的专家、终端导购人员、企业推广人员、权威机构等可以扮演好口碑传播者的角色。

例如佳洁士，虽然广告有过很多变化，但仔细观察一定能察觉到，无论广告的形式和内容如何改变，"中华牙防组唯一认证"这一条永远不变。佳洁士这么做的目的，就是想要通过表明权威机构认证来影响消费者和经销商，从而塑造佳洁士在消费者和经销商心目中良好的形象。

同理，因为总是和顾客频繁接触，企业的推广人员和终端导购人员是最熟悉产品优势的人员，也是在市场销售过程中最能将产品自身的优势传递给渠道商或者消费者的人。因此，其对口碑传播的作用也不可小觑。

　　综上可知，企业只有控制口碑传播过程中话语权，才能占尽先机，保持口碑传播的主动性。

❖ 网络口碑营销中存在的误区

虽然口碑营销是一门古老的营销艺术，但互联网的出现和发展却赋予了口碑营销勃勃生机。伴随着营销环境的变化及技术的进步，口碑营销已为很多企业所接受并应用于宣传活动中。但是，还是有不少企业在进行口碑营销的过程中，存在这样那样的误区，甚至于在不知不觉中做了有损品牌的事。事实上，口碑营销是一种漫长的、碎片式、长尾式的积累过程，无论是否是正面口碑，都必须要经历长期的效果积累，一旦企业不能很好地处理就会引起相应的反弹。因此，企业必须正视当前口碑营销中存在的误区。

1.好口碑是传播的必然结果

在很多企业的观念中，认为只要宣传就必然会为自己的产品带来良好的口碑，这样的想法是错误的。实际上，口碑形成的最基础条件就是要确保产品的质量，避免因为质量低劣的产品出现而影响消费者的体验，阻碍良好口碑的形成。而企业能做的就是借助口碑营销这种方式和手段来将自己优秀的产品迅速地传播出去并形成良好的口碑，而非通过捏造信息来博得消费者的好感。如果产品本身的质量不过硬，也就很难实现消费者预期的使用价值，也就不会产生良好的口碑。如果这样的话，无论广告有多么醒目，宣传会营造了多大的影响，都不可能塑造出优质品牌的形象。网络平台允许消费者更自由地发表自己的负面评价，大大加深了产品缺陷的曝光，这就会导致企业前期的宣传活动付诸东流，甚至有可能会带来更多负面的影响。因此，企业必须明白，产品自身过硬的品质才是形成良好口碑的最重要前提。

2.忽略负面口碑的影响

口碑既可以对企业产生正面的促进作用，还会产生负面的破坏力，甚至有数据指出负面口碑的传播速度超过正面口碑传播速度的九倍，因此不能忽视负面口碑的影响。现在，国内许多企业经常不知道怎么处理负面口碑所带来的危机，或者是因为不知道处理的力度而选择视而不见。但结果，坏影响不会自动消失，仍旧影响着消费者对企业的评价。那么，该怎么做呢？主动出击，还是被动防御？寻求帮助，还是闭门造车？答案是前者。作为置身危机漩涡中的企业，必须要学会平衡自身利益、公众利益和传媒的公信力，尽快以最恰当的方式向公众传播真实而客观的情况，进而挽回企业在消费者心目中的良好形象。另外，企业还需要将损失降至最低，化被动为主动，借助外力进一步宣传和塑造企业口碑。近年来，频频有"三聚氰胺"事件、苏丹红事件、地沟油事件等爆发，企业受到了来自社会各界的密切关注。而诚恳面对问题的态度和大力补救的姿态，才会让消费者看到企业诚信解决问题的诚意和大刀阔斧的气魄。也正因为如此，才会有很多企业因此而倒下，也才会有很多企业屹立不倒。这就是面对负面口碑应有的态度。

3.口碑营销的传播效应

对于很多商家而言，网络营销也即是指"制造一个大事件"，但事实并非如此。口碑营销其实是企业众多营销环节中的一项，如果单纯依靠口碑营销来建立企业品牌，这是不科学的。虽然通常情况下，传统营销方式占据着品牌宣传的重要地位，但口碑营销却能补充传统营销方式的不足。因此，只有将两者结合在一起才是正确的营销方式。在网络将消费者之间的对话门槛拉低的今天，学着了解对话并参与其中成为了企业的一门必修课。在此过程中，没有捷径，只有在口碑营销过程中运用"化整为零的"、"散落在消费者周围的"、"潜移默化的"传播方式和影响来完成预先的目的。

4.口碑营销最不受传播方式的限制

许多企业选择口碑营销最初的目的就是，为了在传播过程中避免受到更多法律法规的限制和制约，最大限度地宣传企业的口碑，而网络口碑营销正满足了企业的这一要求。实际上，口碑营销也需要自我道德的约束，如果恶意炒作的话将不能成为口碑传播。

在全球口碑营销最专业的美国 WOMMA（口碑营销协会）网站上，有一个对口碑营销做出的定义，其中有一段值得营销人员仔细推敲：企业可以鼓励和促进口碑的传播。企业可以努力使消费者更满意，注意倾听消费者的心声，帮助消费者更方便地（把关于企业产品和服务的优点）告诉他们的朋友，并确保有影响力的消费者及时得知产品服务的优点。但口碑绝对不可以杜撰虚造，杜撰"口碑"不仅是不道德的，而且会产生反作用，破坏品牌形象，玷污企业的声誉。正派的口碑营销绝对不会低估消费者的智力，绝对不会通过操纵、欺骗、注水或不诚实等手法来愚弄消费者。虽然互联网看似隐匿的，但实际上里边的每个人都会被看个通透。因此，企业好的产品只有通过正当的方法来传播扩散，才能达到有益的效果。如果企业和品牌试图利用不当手法在互联网上谋取利益，最终都不可能永远成功。因此，企业要学会如何在网络海洋中聆听、利用技巧在不伤害他人的前提下去传递信息，使信息扩展的速度实现成本增长，最终才能实现口碑营销的最佳效果。

第八章

如何塑造你的个人好口碑

信息时代，媒体的多样化及传播途径更丰富，使得自吹自擂的广告宣传方式不能为企业带来更显著的宣传效果，这时，口碑营销方式也就占据了重要地位。而企业需要做的就是，通过他人之口，将自己的良好形象传播出去，并最终建立起良好的口碑。

❖ 口碑营销的多种方式

口碑传播由始至终存在，口碑的传播影响我们购买商品时的选择，但不同于传统营销方式，现代营销人员意识到了口碑营销的巨大威力并开始主动策划口碑营销活动。随后，制定出一套用于测量口碑营销带来的宣传推广效果的科学方法。

虽然口碑是自发形成的，但好的口碑却需要企业有意地培养。企业可以借鉴以下方法来主动创造良好口碑效应，如果应用得当，一定会对口碑营销的效果有所助益。

以服务创造口碑

首先，服务是一项具有长期性、细致性特点的工作，通过服务的细节能表现出企业对消费者的关怀，服务不仅包括物质方面的，还包括精神心理方面的服务。当然，要想形成一个口碑需要经历一个过程，必须要让消费者心服口服才能征服消费者的心。

其次，创造良好口碑的关键正是在于服务，同时，服务业是顾客最为关注的问题。营销的目的就是要通过优良的服务来塑造良好的口碑，这就要求企业必须要使得顾客使用产品后，在消费人群中产生病毒式的口碑扩散效应，还要尽可能培养顾客长久的忠诚度。企业不仅要为顾客提供最周到的全程式服务，来获得消费者的肯定，还要通过增值服务、差异化服务、创新式服务等形式来争取更多的客户。

以情感创造口碑

众所周知，品牌有物质层面与精神层面的区分，同样，消费者对产品的需求也分为物质层面和精神层面两种层次。因此，在口碑营销中，企业还需要重视对顾客精神层面需求的满足。

以公益创造口碑

公益事业能够帮助企业更轻易树立良好的品牌形象，使企业获得良好的社会美誉度，而消费者，尤其是公益行为的受益人将会主动参与营销活动，成为企业的活广告。

以品质创造口碑

虽然俗话说"酒香不怕巷子深"，但关键在于酒要香。如果企业的产品质量并不能得到保障，要想建立良好的口碑只能是痴人说梦。

譬如说著名的杜邦公司，正是凭借着优质的产品从竞争对手中脱颖而出，存在了 200 余年。其实，杜邦公司非常重视科研投入，在全球范围内公司拥有近两百家生产设施，以及两千多种优质产品，如杜邦莱卡弹性纤维、比钢还坚韧的杜邦凯芙拉纤维等，以及一万七千项专利和数十个知名品牌。

总之，保证产品或服务优良的品质是企业口碑营销的前提保证，换句话说，在口碑营销中"重质量者成，轻质量者败"是一条永不褪色的规律。

以文化创造口碑

这也是一种主动创造良好口碑的方法。

正如营销大师菲利普·科特勒在其消费行为三阶段论中所提到的：在商品短缺时，消费者追求数量的满足；而当商品数量丰富时，消费者行为进入第二阶段，追求中高品质的商品；而当不同品牌商品功能和品质相近时，消费者开始追求最能表现自己个性和价值的商品，进入感性消费阶段。

消费者的生活水平不断提高、消费观念不断得到更新，商品的数量、质量已经不再是消费者在消费时主要追求的目标。相比较而言，消费者在消费活动中变得越来越重视情感价值及其商品所能给自己带来的附加利益。

有学者甚至认为，我们目前已经进入感性消费时代，因为商品的象征意义已然逐渐成为消费者购买商品主要考虑的问题，而不仅仅为了获得的物质产品以及对产品本身的占有，以及为了获取商品的使用价值而实施购买行为。并且，更多情况下，消费者是为了商品的象征功能而购买。

例如茅台、五粮液、剑南春等白酒行业的龙头老大，无不有着浓厚的历史文化积淀，也正是这些悠久的历史将其引入了名酒的范畴。人们之所以消费它们，通常并不仅仅是为了美酒本身，更多是为了追求其本身所蕴含的历史文化体现出的象征意义。

以事件去创造口碑

是指通过制造新闻事件，吸引媒体关注，并通过媒体传播口碑，实现口碑效应的一种营销方式。例如白沙集团在 2004 年就利用刘翔雅典奥运会夺冠这一事件进行广告宣传："中国有我、亚洲有我、世界有我。"这一句广告词吸引了无数消费者的眼球，成功促进了"我心飞翔"这一句口号在用户群中的广泛传播。

以体验创造口碑

这是口碑营销中极为成功的一种营销方式。顾客通过跟企业产品、人员的交流互动，不仅加强了对企业的产品和服务的认识，还了解了企业的质量安全，从心理上与企业也变得更加亲近。同时，这种心理上的亲近感将促使消费者去主动成为企业的编外营销人员，主动承担口碑传播的重任。

创造口碑并非企业的最终目的，其最终目的是要让口碑传播起来。然而，有一点企业必须注意，虽然口碑是自发形成的，但并不意味着企业要放手不管，而是应该采取必要的传播推广策略，促进并加速口碑的传播。也即是说，创造良好的口碑传播效应，单纯创造出口碑是完全不够的，关键还是要将口碑传播出去。

那么，让创造出来的口碑传播起来的方法有哪些呢？可以参考下文提供的方法：

网络传播：著名市场研究公司 eMarketer 与口碑营销协会曾在其所发布的《口碑营销报告》一书中，非常明确地阐释了网络营销中口碑营销的巨大威力。据 eMarketer 估计，大约有超过一半的网络营销人员选择采用口碑营销的方式，并且比例在逐年上升。

网络具有强大的传播力，能将企业的资讯、形象、活动以文章、图片、视频等多种形式传播出去，推广到整个网络，直接影响广大的互联网用户群体。同时，随着互联网营销和网络言论逐渐实现民主化，网络将成为企业最主要的营销活动平台和口碑传播途径。

公关传播：广告传播口碑总给人留下一种"自卖自夸"的印象，而利用公关来传播口碑则往往看不出企业利益的痕迹。相比广告传播，公关传播具有更强的渗透力。主要通过以下两种方式来进行公关传播、推广，分别是借助新闻传播口碑和借助如互动活动会等大型公众活动来进行传播。

广告传播：广告传播是生活中最常见的营销方式。其中，主要通过四种形式来举行广告传播：一是荣誉传播，指的是企业接受在口碑、客户满意度、忠诚度方面的测评而获得荣誉；二是软性广告炒作，为口碑造势；三是利用广告代言人以及客户证言来传播更具说服力的口碑；四是其他利用广告来塑造企业形象，宣传品牌产品，提高知名度。

通过俱乐部传播：企业通过俱乐部的形式在内部进行口碑传播。目前，很多企业都设置有自己的俱乐部，通过在俱乐部内部举办活动、分享信息等形式来宣传产品，实现口碑效应。

❖ 降低期望值，提高体验值

有一个故事是这样的：

一位商人曾经很专注地做自己的产品，虽然没有足够的资金，但他始终将全部资本放入产品中，并坚持免费体验活动。最后，商人的产品得到所在地区消费者的广泛好评，规模逐渐扩大，也成为了这个地区资本最丰厚的企业。其后，商人一改往日作风，决定通过华丽的广告来宣传产品。商人说："我的目的很简单，就是要你把我的产品拍得更美好，尽量放大优点。"一个月后，这个广告见诸各个网站、电视、广播，经过广告商的大肆宣传，引起了更大的效应群体。虽然依靠之前的广告为商人的产品带来了更大的市场反应，但是收到的反馈和评价却越来越差，几乎所有购买过该产品的人都表示对产品很失望。不久，商人的生意日渐萧条，费尽心思也找不到答案。他的产品还是保持原来的工艺原料，却总会收到顾客不满意的声音，这与之前的口碑完全不同。其实，很多时候就是因为商人没能妥善处理好顾客的一个小问题，引发了一系列的投诉，最后导致商人无力挽回。长此以往，商人的企业也就随之消失了。

所以，在任何时候都要关注消费者潜在的期望值。商人的失败并非意外，而是一个商业活动中普遍存在的客观问题。当一个产品问世的时候，企业应该有什么反应？在每个消费者前去消费或者确定消费时，都会存在一个所谓的期望值，而这个期望值基本来自企业的宣传，并且还是一个很硬性的指标。企业在推出新产品的时候，根本不会说产品的任何坏话，也不会有人在未曾使用过的情况下，认为产品是不好的。就像是必胜客新推出的一款比萨，在没有人品尝过的情况下，不会有人认为它不美味。消费者所希望的是产品超出他的期望值，而非低于这个值，于是就有了一个预期上升的过程。

你要懂得，期望值的高低决定成败。事实上，消费者的预期值总体上呈现出上升的趋势。因此，企业当务之急就是要把握消费者的心理，这就体现在产品宣传上，宣传的过程持续时间越长消费者所持的期望就越大，期望越大所产生的期望值就会越高。例如在某电影上映前进行近半年的宣传造势，就会把全世界消费者的期望高度集中在这一部电影中，这也就意味着消费者对这部电影的期望值很高。一旦电影中出现一个小问题或者小瑕疵时，将会招来消费者强烈的责难。消费者完成消费行为后，真正开始享受这个产品或服务时，却发现实际情况与预期值有差距。无论这个差距的大小，其对产品的体验将不可能变得更高。

并且，消费者体验的下滑是毫无征兆的，根本没有任何妥协和商量的余地，之前的预期越高，之后所收获的满足感就越低。消费者在没有任何心理准备的情况下经历这次的打击，其气愤程度也就不言而喻了。

我们说要降低期望值，是因为：

1.不存在完美的商品

世界上不存在完美的产品，每位市场主体都是一条起跑线上赛跑的选手，因此弄虚作假只会自取其辱。而商家的行为与消费者有理想化的消费前置意识不无关系，当消费者面对真正的产品时，哪怕是一点小瑕疵也会因为过高的期望值而被无限放大，原来的被商家理想化了的产品在消费者心目中变成普通商品，消费者很难接受这种由完美变中庸的落差。正是因为这个问题的存在，才导致消费者与商家产生敌对的场面屡见不鲜。

2.商家要懂得诚实宣传

站在商家的角度来看，宣传的目的就是为了招徕客人，那么其中夸张的宣传手法也就不足为奇，也只有尽力宣传才能在同行林立的竞争中获得更多的关注。虽然从逻辑上来说，没有错误，因为从某个层面上来说，商家说的都是实话，并没有半点虚假宣传。换句话说，商家认为，说真话就等于诚实的宣传。然而，这样一个"诚实"的宣传到了消费者眼里却发生了转变，消费者倍感愤怒、商家也百思不得其解。那么，原因到底是什么呢？其实，道理很简单：商家采用的是以偏概全的方式进行口碑宣传，而消费者却自动将广告中的产品补全成为完善的产品，最后出现了心理落差。

在宣传的过程中，商家并非有意夸大商品的优点，但在宣传优点的同时并没有对缺点进行说明，这就为消费者留下了产品的优点这一片面的印象——产品以一种完美的形象出现在消费者的想象中。

3.避免商家的想当然

在宣传产品的时候，商家不能过分片面地宣传产品的优点，通过适当的方式降低消费者对于产品的预期，在一定程度上也避免了消费者过分完美的想象。同时，企业还应该积极引导消费者客观正确地认识产品的优缺点，在此基础上形成正确的心理预期，从而使消费者在面对产品的真实面貌时能够坦然接受。企业在宣传产品的同时，要尊重消费者的认知，不能过分想当然地进行宣传，不然可能导致消费者过高的预期，对自己也没有任何好处。

4.提高客户的感受值

在这方面，相对有效的做法是让消费者清楚地了解产品的优点和缺陷所在。最好的办法就是让消费者去亲身体验，感受商品真实的优点和瑕疵，为消费者能够接受真实的完整的产品做好心理准备，避免因为落差而产生不满的情况出现。而一旦消费者怀着一种忐忑的心情去审视产品，就会发现产品并没有想象中的那么优秀，如果发现这个产品的功能还是相当优秀的时候，甚至会产生十分愉悦的感觉。企业只有在逐级上升的体验感受中，才更有可能满足消费者的需求，也才会有正面的口碑。消费者在产生了这种感受的提升后，企业的产品也就在同类功能且优点差不多的产品中脱颖而出。

5.懂得先苦后甜的心理趋势

对于产品，消费者拥有多种选择，而在面对铺天盖地的广告词时，或许正是那些主动提示产品可能存在瑕疵的广告更能吸引消费者的注意，也更能引起消费者的注意。如果企业真的这样宣传，消费者也许会怀着一种好奇的心态以及瑕疵品的预期去尝试该产品。如果产品质量过硬，消费者在使用过后就会产生大大超过预期的感受，而心态也由猎奇转变为惊喜。消费者在经历了这样的落差后，就会产生对该产品良好的印象。看似很复杂的操作，其实原理很简单：为了在一堆拥有同样甜味的糖果显示特别甜，就必须要让品尝者在吃糖果前先喝一口苦水，在苦味刺激后再去品尝糖果，这时甜味立马会被放大数倍。

同理，企业在让消费者接触到真实产品之前，先让他们喝一口宣传营造出来的苦茶，被苦味刺激后再去体会产品的价值，就能真正感受到来自产品的优良性能。事实上，这就是一种利用消费者的心理落差形成有利口碑的营销手法。

❖ 如何借势宣传

犹太经济学家威廉·立格逊曾说过，资金、人才、技术、智慧都可以通过借贷来实现。世界已经为每个人准备好了一切资源，你所需要做的就是将这些资源收集到一起，并运用智慧将其重新排列组合。

同样，口碑营销也需要"借"，借助媒体、事件以及其他资源，只有善于"借"才会得到更好的效果。

借势营销的定义

借势营销指的是在营销活动中，借助人物、事件等的社会效应推动口碑的传播。

其实，只要某一领域成为关注热点，就有可能存在借势。从消费心理学的角度来说，传播中有一种简约机制：对受众来说，得到认可也就意味着信任，在此基础上的借势更容易得到消费者的认可。

因此，借势营销可以采用各种各样的手段，譬如说其他行业具有轰动效应的大事件、政府有关部门的政策法规、新闻媒体的各种报道等都可以被应用到口碑营销活动中。企业通过策划发挥、延伸实施，借势实现预设的营销目标。

如今，善于借势对于满天飞的广告来说，无疑是一把利剑，既能充分弥补广告效应的不足，又能为企业省力省钱节省成本。另外，借势营销还能使企业站在巨人的肩膀上，迅速、简单地提升企业的知名度。

其中最成功的案例一定要数三星的成功。

如果说没有汉城奥运会，三星这个品牌现在肯定已经不存在了。但现在三星不仅依然存在，且还有光明的发展前程，原因到底是什么？"奥运"在体育活动中拥有强势的营销力量，并能对此起到很大的作用。然而，三星对于奥运营销史而言，可谓是一个持久的案例。从1988年起，三星成为汉城奥运会的本地赞助商，直到1998年还是作为奥运会全球合作伙伴出现。另外，在2000年悉尼奥运会大获成功后，三星继续签约成为2006年都灵冬奥会、2008年北京奥运会的全球合作伙伴。

据韩国信息通信产业振兴院（NIPA）2013年3月4日统计得出，截至2012年末，三星电子市值2273亿美元，位居世界500强企业第20名。之所以能够获得这样的成就，离不开其长期以来的借势营销。

据经济学家预测，每投入1亿美元，品牌知名度就会提高1%，而如果是赞助奥运，知名度则会提高3%。

有数据表明，自从三星成为奥运合作伙伴以来，从1998年到1999年，其无线通信产品的营业额从39亿美元上升到52亿美元，增长了44%。从某种程度上来说，也能证明赞助奥运会对产品销售具有一定影响。

那么，三星到底怎么做到奥运借势营销的？三星奥运营销成功的原因，看似因为其不断尝到甜头，实力也不断得到增强，也就越有能力赞助奥运，这就是一种良性循环。事实上，虽然实力对于成为奥运全球合作伙伴而言是必需的，但三星的秘诀就是将借奥运营销之势上升到企业发展战略的高度，这就是借势营销的表现。

如何借势营销烘托口碑

从上文的例子中，你是否也意识到借势营销的重要性，那么怎么做才能实现营销的目的呢？

1.分析自身条件

三国时代著名的"草船借箭"故事。诸葛亮在借箭之前，经过深思熟虑才得出"万事俱备，只欠东风"的总结。如果不确定东风的存在，诸葛亮也不会决定去借箭。因此，企业在借势之前，必须要首先分析自身是否具备借势的条件。

在这一步中，企业一定要学会潜心分析所借的事件本身。只要企业完全了解所借事件的每一个细节，例如事件发生的时间、地点和内容，以及与本企业之间的结合点，并对这些细节进行分析，并清楚事件是否值得借，投入的成本到底多大，最终目的是什么。企业一旦明晰这一切，也就能知道是否去借了。

2.如何借别人"口"

如上文所述，资金、人才、技术、智慧等都可以通过借来完成。

就像是企业意识到自己缺乏某种东西，但又无法自给自足，那么，就可以考虑借"他山之石"来"攻玉"。譬如说，因为我国许多企业在资金、技术上与国际企业之间存在一定差距，对于世界著名企业的成功经验国内企业应该如何借鉴呢？对于国内企业而言，利用外资发展国内品牌也是一个新的课题。

其实，现实中也有企业开始借助外资的技术、品牌优势，其中，中法合资的天津王朝葡萄酒股份有限公司就是一个成功的案例。

对于中国这个有着上千年葡萄酿酒史的国家，在 20 世纪 80 年代初期的时候，一瓶酒仅卖 2 元钱，而法国人头马极品"路易十三"售价却达到上万元，这就是技术、品牌上的差距导致了价格的悬殊。于是，天津市葡萄园下属的葡萄酒厂决定借助外界的力量，资源重组。经过多方努力，最终找到人头马集团并达成合作。中方以厂房作价占股份 62%，外方投资资金约 50 万元人民币，占股份 38%。就这样，中法合资王朝葡萄酿酒有限公司成立。

经过多年发展，王朝干白、干红的年产量由原来的 10 万瓶增至 1800 多万瓶，销售额由原来的 20 万元增长到 2 亿多元，总利润也由不足万元增至 9000 多万元。

然而，与人头马合资出乎了中方投资者的意料。自 1984 年以来，王朝与法国人头马竞相在国际市场上驰骋，先后荣获 14 项国际金奖。20 世纪 90 年代，王朝葡萄酒还凭借着东方人口味的特色，得到了来自国内市场的认可，在我国葡萄酒市场占据一半的市场份额。

这样看来，他山之石，可以攻玉，并不代表企业要在借势中失去自我。现在，王朝已经成为一个著名葡萄酒品牌，在合资控股的道路上积极吸收经验，实现了如今的辉煌。

3.善借"名人星光"

关于借名人造势这一问题，已经无需赘述。

例如在百事可乐与可口可乐的竞争中，借用名人造势就起到了很大的作用。针对年轻群体的特性，百事可乐通常会选择"名人"作为代言人。因此，很多消费者认为百事可乐的代言明星不仅比可口可乐多得多，知名度更大，且口碑更好。

4.借势大事件

从三星借奥运之势走向辉煌的案例中，我们可以感受到借势营销的强大威力。显然，通常情况下，企业只有具有相当实力才能赞助类似奥运的大事件进行口碑营销。

当然，借势并不意味着仅仅包括奥运会，还包括"申奥让世界走向中国"、"神五飞天"等与重大事件相联系。

例如"神舟五号"上天的时候，某些企业就借助"神五飞天"之势一飞冲天，取得了巨大经济效益。比如 2006 年的时候，青藏铁路开通，第一届双喜世界婚礼借势举办。借助这一举世瞩目的大事件，号称"缘定天路，喜传天下"。

5.优势结合、互相造势

目前，借势营销还可以经常用在企业之间的强强联合，使两个各具优势的企业互造声势，实现营销效果。

1997 年 10 月，可口可乐公司董事长罗伯特·戈伊苏埃塔逝世，世界各地的麦当劳快餐店全部下半旗致哀。次年 3 月，在佛罗里达州的奥兰多，来自 109 个国家的 1.8 万名麦当劳员工欢聚一堂，召开两年一度的大会。会上，可口可乐公司新任董事长道格·艾佛斯亲临现场以示祝贺，并表示将继续支持麦当劳。

对于具体如何借势，需要企业在实践中不断总结经验，根据企业自身的资源状况和所借之势的特征来具体策划，以实现最佳效果。

不过，借势营销虽然能为企业带来巨大的经济利润，但它具有短期性这一缺陷。

就像是诸葛亮的"草船借箭"一样，借势只能带来短期收益，不可能每次都能遇到"草船"和"东风"。

因此，如果商家想打出自己的品牌，收获长期有效的经济、社会效益，必须在"借势营销"时制定一套比较完整的营销方案。但如果想通过借势实现长期的效果，这是不可能的。

❖ 善于借用媒体提升形象

一般情况下，企业的主要宣传方式就是广告，不论投放在电视、报纸、广播等媒体上，还是在杂志、户外媒体等上，都可以通过广告的方式将相关信息传递给消费者。然而，不得不承认，传统的广告正在逐渐式微。同样是利用媒体这个平台，消费者更倾向于接受新闻传播而非广告传播，那么，我们是否可以据此作出改变呢？

答案是肯定的。

虽然许多企业已经看到新闻传播的重要作用，但真正能够有效借助媒体传播的企业并不多。主要是因为国内企业并没有足够能力去策划借助媒体进行传播，因此，借助新闻媒体实施营销还处于初步阶段。

那么，借助媒体宣传能为企业带来怎样的利益呢？

首先，借助媒体传播进行广泛宣传。通过收视率高的电视台、发行量大的报纸杂志以及访问量高的门户网站可以更快地传播口碑，因为这些媒体具有更大范围的受众，覆盖范围也十分广大。

其次，能更快将巨大口碑传入客户中。因为宣传面广，受众多，所以还是存在很多人对此感兴趣。通过这种传播方式，会使得很多人通过各种手段去了解企业的信息，从而很有可能迅速获得巨大的口碑传播效应。

最后，因为现代的媒体分类比较详细，例如政治类、经济类、社会类等拥有各自的特定群体，因此具有更强的针对性。企业可以借助各类专向媒体将自身的信息传达给各类消费群体，从而帮助自己进一步细分市场。

中国市场经济不断发展，人民生活水平得到显著提高，如电视、报纸、杂志、广播等主流媒体得到更广泛普及，新兴网络媒体迅速发展，并且已占有一批忠实的高素质群体，媒体占有了为企业进行口碑宣传的绝对优势。

从企业的角度来说，借助媒体以第三者的身份对企业的正面信息进行客观、中立地报道。而这类新闻也更容易得到顾客的认同，相比广告宣传等方式来说，更有利于企业的口碑传播。

总体而言，企业的新闻策划中应该包含有以下几个要素：

主体是企业，企业应该站在自身的角度来进行策划。

具有明确的目的——达到企业的某项要求，否则这项策划就失去了本身的意义。

必须通过大众媒体进行传播，从而扩大新闻传播的范围，引起轰动的口碑效应。

以媒体客观、公正的立场进行新闻报道，用事实说话，实现新闻现象和口碑传播双赢。

严格按照新闻规律运作，禁止编撰假新闻、伪新闻等虚假信息进行口碑传播。

第九章

如何快速有效扭转负面口碑

千里之堤毁于蚁穴。负面口碑就像蚁穴一样，达到一定程度就能让千里大堤毁于一旦。既然负面口碑有如此之大的力量，那么，企业应该怎样做才能避免负面口碑的产生呢？又该怎么做，才能防止负面口碑带来更大的损失呢？一切尽在顾客满意度。

❖ 防止被一根稻草压死

被大家广为流传的双树旅馆悲剧给了我们很大的启示，商家在取笑旅店待客之道的同时也会感到寒心，一次轻微的疏忽就导致了无法预料的后果。从某个方面来说，也正说明了在口碑建立过程中是一步错，步步错。事实上，企业无需如此的担心，因为顾客通常是很仁慈的，在每次危机即将让企业倒下的时候总会为其留下一次机会，而不是赶尽杀绝。

有一个很典型的例子。

一对夫妇来到火锅店吃饭，在不经意间看到店里的鱼火锅有折扣——买两斤送一斤。于是，这对夫妇就点了两斤的鱼火锅。当火锅上来时，妻子一眼就能看出火锅里的鱼没有三斤，分量很少，甚至不够两个人食用。于是，夫妇俩就把服务生叫过来客气地询问道："你们这里的鱼为什么这么小？显然不到三斤。店里不是有买二送一的活动吗？"

服务员却不以为意地回答道："小姐，这就是三斤，您搞错了！"

妻子很生气地找来了经理。

经理问："女士，有什么问题吗？"

妻子很生气地质问经理："请你立刻称一下，这锅里的鱼有没有三斤。如果不够，我不会交一分钱！"

这引起了周围顾客的纷纷议论，并都意识到自己桌上的菜量也很少。逐渐

228

地，很多顾客也纷纷要求称重。于是，这家餐厅因为不诚信而迅速被大家知道，每天的客流量在不断减少，最后倒闭了。

所以，第一个问题就是：顾客的抱怨意味着什么？

对于消费者的质疑，很多商家都有所体会：消费者在购物过程中特别喜欢提出质疑，一旦第一个质疑得不到妥善处理，那么接下来的质疑将会纷至沓来，挡也挡不住，并且问题也会越来越尖锐。正如上文例子中的妻子一样，刚开始并没有太大情绪，只是出于好奇而询问服务员。就因为服务员对她的第一个质疑爱理不理，自己的问题得不到应有的重视，才导致后面的问题渐渐变得苛刻起来。

消费者的心理在购物过程中往往会变得极为脆弱，因为此时他们心里想着一个巨大的矛盾：既希望支付最少的钱买到最完美的服务，但深知一分价钱一分货。于是，受到来自这一矛盾心理的影响，最后使得消费者的神经同时变得十分敏感，所有维系其行为的已不再是理智或情感，而简化成了本能。但事实上，本能就是一副多米诺骨牌。

我们可以一起来看看，消费者在什么情况下会产生质疑，传播负面信息呢？

1.面对重要商品的问题时

对于消费者而言，如果所购买的商品非常便宜、无足轻重，那么即使出现了问题，也不会加以重视。但是对于那些价值非常高的商品，或者非常重要的商品，一旦出现了问题，消费者则会感到气愤和焦虑。而问题往往就在这种情况下爆发了，他们会把自己所遇到的问题向周围的人不断倾述，最后的影响不言而喻。

2.当消费者付出高成本时

对于那些自己不熟悉的复杂商品或者价格不菲的贵重商品，消费者通常会采取审慎的态度，实现会花费很大的时间和精力去收集相关的信息。在购买的时候，还会仔细比对的挑选。而消费者在购买过程中花费的精力与其对商品所持有的期望值是成正比的。在这种情况下，一旦商品出现了问题，消费者就更容易产生气愤和焦虑的情绪，并会不断将这个问题传播出去。

3.当商品出现严重性问题时

对于商品所出现问题的严重性，可以分为直接影响商品使用的功能性问题和非功能性的问题，其中前者如冰箱不能制冷、电视机接收不到信号等均为功能性的问题，而后者如洗衣机表面有划痕等，可能会影响商品的外观，但不影响商品的正常使用。消费者在遭遇不严重的问题的时候，通常会选择自己想办法解决掉；但如果商品出现的问题非常严重，那么，消费者会选择向外传播而非默默消化。

4.在消费者得不到有效赔偿时

消费者购买的商品一旦出现了问题，有可能会导致消费者通过投诉获得赔偿。而消费者如果能够从厂商那里轻松地拿到合理的赔偿，也就不会向周围的人传播有关商品的负面信息。而且，如果厂商处理得当，让消费者非常满意的话，消费者还有可能向别人推荐这个商品。否则，消费者在得不到合理赔偿的情况下，可能会倾向于通过负面口头传播的方式来宣泄内心的不满。

由此可见，消费者的首次抱怨指的是消费者首次对商家表示不满，而这种不满仅仅是浅层意识。但一旦商家对此置之不理，采取回避或者视而不见的态度，那么第一块骨牌就会被商家的忽略而碰倒，接下来发生的就可能并不仅仅是流于表面的问题了。多米诺骨牌的特点就是一旦开始，在没有妥善解决的情况下，将很难制止全部倾倒。那么，在这个连锁反应尚未停止的情况下，演变的速度只会逐渐加快，直至最后完全倾倒。

但第一块骨牌的倒下与商家的选择有着极大的联系，没有哪位顾客希望自己的不满被忽视，尤其是当顾客已经与商家建立起了利益关系。因此，企业必须要做到阻止第一块骨牌的倒下，从而阻止一次大面积的崩盘。那么，企业就必须做到正面而诚恳地为消费者解决第一次抱怨，即使这是一次无理取闹的行为。

只有使消费者处在感性和理性的双重清醒环境下，才能使消费者在消费后能够准确、理智地为这次合格的服务做出好评，完成最初的口碑宣传，也才能终结第一个危机的开端。这就要求企业在看到顾客产生质疑的时候，要立即用高质量的服务为他彻底解决疑问，从根本上制止负面情绪的加深和扩散。

各种原因到底是什么？除了因为消费者的首次疑问是第一块多米诺骨牌外，还代表了消费者对于商家的第一印象。

消费者在购物前都会对商家产生一种初步印象，这种印象有别于第一印象。初步印象的特点就是模糊和不切实际，因此，在未与商家产生关系的时候，任何的评价都没有实质意义。而这些初步印象是经不起推敲和反思的，所以就很容易在商家与消费者初次接触的时候逐渐消失殆尽。于是，为了弥补心理上的空虚，消费者必须在最短的时间内组织起第一印象来取代初步印象。

然而，第一印象相比初步印象而言，更具有实质意义，因为消费者是通过实际与商家接触过程中的种种行为来做出的判断，是对商家的一切言论和行为的归类整理，并最终得出的结论。简而言之，就是无论商家的所作所为是什么，消费者都会用来作为评级和构造第一印象的依据。

消费者尤其看重商家处理问题的手法，特别是第一次出现问题时商家的表现。无论这个问题大小，商家的应对反应直接地关系到消费者对商家的评价。因此，商家在销售和宣传的同时，必须时刻关注消费者的反应，尤其是在消费者首次产生疑惑的时候，就必须要学会及时消灭这个疑惑。否则任何不安的情绪都足以让消费者在接下来的消费过程中抱有怀疑心理，而这个心理在很大程度上会削弱消费者的理智判断能力。在怀疑心理的影响下，原本很小的一个问题也会被无限地放大，形成血球效应，最终引发消费者群体的连环反应。

然而，商家仅仅是诚心诚意地解决问题还远远不够，还需要把消费者心中的怀疑心理彻底扼杀在摇篮中，让信任重新回归成为主旋律。只有这样做，商家才能真正地获得消费者良好的第一印象。

事实上，消费者在消费过程中所产生的第一印象极其重要，因为其后对于商家任何行为的评价都会一次作为依据。并且，当消费者在使用产品的过程中，一旦遇到问题，就表现比较强烈，甚至会有些偏激。这时，商家必须要更加谨慎地面对问题。

这些都是消费者的脆弱心理状态所导致的结果，因为此时消费者已经和商人产生了利益关系，而这种关系将会直接导致消费者产生一种付出索取回报的心理，而这个心理就会导致消费者会用相对挑剔的眼光去看待商家的每一个商品和服务。一旦这个挑剔的审视遇到了问题，其将可能会发展成为一个巨大的危机，在消费者看来，进行投诉也就成了理所当然的事。

在消费者再次提出产品的质量问题后，商家就必须要重新审视自身的售后服务了。一旦顾客在投诉过程中遇到冷漠的接待，问题得不到很好的解决，就会导致其心中那条紧绷的弦断裂。这时，疑问会变成愤怒，愤怒会引起周围人的注意，而随之向其他消费者最大限度地扩散开来。而且，因为在售后服务场所基本上都是对产品有疑问的顾客，一个顾客情绪的失控将可能导致所有人积压在心底的疑问全面爆发，而一个人的愤怒也将会带来全体的爆发。事情发展至此，哪怕商家并非刻意去制造舆论热点，也已经成为了舆论的中心。当然，这个话题的指向性可想而知，这对于商家的口碑来说，只会产生负面。这时，即便商家竭尽全力去采取补救措施，也只能是亡羊补牢，已然不能再挽回流失的口碑和顾客的信心。

所以，商家必须最大限度地了解顾客的需求和对产品的重视方向，从而抓住症结，彻底解决问题。将疑问消灭在萌芽状态中，将顾客的负面情绪引向消灭，并使得顾客的需求得到重视，从而远离负面口碑的舆论漩涡。

❖ 阻止负面口碑的产生与扩散

负面口碑的产生不是企业自己所能控制的，但是企业也没有必要对负面口碑谈虎色变，在产生负面口碑的时候，要积极行动，采取切实措施防止负面口碑扩散，把负面口碑的消极影响降低到最小。不过，最重要的还是从源头做起，将负面口碑的产生扼杀在摇篮里。

从产品或服务本身着手

企业不断提高产品或服务的质量，满足顾客的需求，从而提升消费者的满意度。然而，有时候这种改进并非一蹴而就的，或者说，即使能够实现也必须要付出昂贵的代价。因此，这就需要企业从口碑本身着手，因为顾客购买行为后的口碑取决于顾客对产品或服务的满意程度，而顾客的满意程度取决于产品服务本身以及对产品服务的预期。所以，企业在提高产品质量，保证产品使用价值的同时，还需要降低消费者的期望值，使其更容易得到满足，从而加入到口碑宣传的行列中来。

提高消费者的满意度

因为不满于所购买的商品，消费者才会决定传播负面信息。所以，企业应该从产品质量入手，减少产品出现重大瑕疵的可能性。这就要求企业需要强化从材料选择到生产制造整个过程的产品质量控制。另外，企业还可以通过建立快捷的物流供应体系和灵敏的市场反应机制，以及时、周到的服务来提高消费者的满意度。

培养双向信任

双向信任指的是消费者跟企业、产品、人员和流程进行互动的总和，相互之间产生信赖关系。在戴尔公司总部每间办公室的留言板上，都写着一句口号：“消费者体验把握它。”通过让消费者置身其中或者享受到消费的乐趣，从而激起消费者“以自己希望的价格，自己希望的时间，自己希望的方式，得到自己想要的东西”的强烈消费欲望。就这样建立起了一种双向的信任系统，让消费者在体验的过程中感受到公司的真诚和人文关怀，从而对公司产生信任，进而向其他消费者分享自己的消费经历，从而树立起戴尔公司良好的口碑。这样做不仅能重新吸引来大量的消费者，还能帮助公司提高核心竞争力。换个角度来看问题，公司根据消费者的建议对产品或服务进行改进，使其产品或服务更能满足消费者需求，又能使得公司得到更多来自消费者的信任。如此一来，双向信任系统成功建立了，并因为相互之间的信赖关系而使得口碑传播产生滚雪球一样的效果，不仅扩大了口碑的影响力，实现高速传播的目的。最终让戴尔公司总结出了“消费者体验是竞争的下一个战场”这样的经验。

对重点客户开展关系营销

正如上文所言，现代网络用户具有社会化程度高、社会责任感强等特点，也是重要的负面信息传播源，也就成为了企业开展关系营销的重点对象。因此，企业可以根据需要建立重点消费者信息库，与上述重点对象保持密切联系，以便能及时发现商品可能存在的问题，进而立马加以解决，从而降低这些重点对象进行负面信息的可能性。此外，如果厂商能够及时妥善地处理好问题，就可以提高这些用户的满意度，并能激发其向外传播有利信息。

实施服务落实机制

有一家饲料公司，曾向经销商明确说明：如果有人要货，即便是 2 吨也会送货上门。于是，经销商们纷纷按照2吨的标准订货，因为这不仅不占库存还不占用资金，对自己更有利。虽然饲料公司曾试图通过集中运输的方式来送货，但成本太高而放弃，这就损坏了经销商的利益，结果可想而知，负面的口碑从经销商的口中传出，而这家饲料公司也砸了自己的招牌。

企业只有诚实兑现自己的承诺才能为自己树立良好的口碑。所以，企业如果承诺了服务范围，就要认真落实，不然只会引火烧身。总而言之，骗取消费者的信任只会让你鸡飞蛋打，损失惨重。

明确有关商品问题赔偿的承诺

消费者所购买的产品一旦出现问题，他们就会通过向厂商投诉来获得赔偿，但很多消费者因为时间成本太高，并且结果不能确定而选择放弃索取赔偿的权利。厂商如果能够对有关产品问题做出明确的承诺，消费者就可以在遇到商品问题的时候，立马想到向厂商索赔。也只有在其得到满意的索赔结果时，才不会继续向他人传播负面的口碑信息，甚至向他人推荐企业的产品。因此，厂商为方便消费者遇到问题时投诉，应该在商品包装的显著位置标明商品如果出现问题的赔偿条款以及联系方法。

做好售后服务

售后服务是什么，要如何做？我们可以从以下几点做起：

1.商品售后服务

售后服务指的是一切与所推销商品有连带关系且益于购买者的服务，包括维护商品信誉和提供资料。

维护商品信誉

商品信誉的维护是售后服务最主要的目的，因为在竞争日益激烈的今天，售后服务常是客户做出选择的主要依据。所以，商品售后服务的质量好坏显示出了商品信誉的高低。通常的维护工作分为两种：

保证商品品质：商品售出之后，出于对客户道义上的责任，以及对本身商誉的必要维护目的，而进行售后服务。例如药品公司在出售药品给经销商之后，应该定期进行药品销售的跟踪回访以及更新产品用药知识的工作。

履行服务承诺：在推销员说服客户购买的时候，总是会向客户强调一些相关的服务。对于交易而言，这些承诺是其是否能达成交易的最大影响因素。而更重要的是推销人员必须如实地履行所做的承诺，否则只能做一次性买卖，顾客不可能再次光顾。

提供商品资料

向消费者提供商品资料是推销员的一种义务。在说服客户购买之前，推销员通常会向客户提供一些有关商品的简介、使用说明及功能等资料，但他们却常常忽略掉对这些资料的更新，这也是一项很重要的售后服务。其中，主要包括以下两个方面：

商品商情报道资料：是指以报道性的文件形式记载的商品销售资料，可以成为不错的赠送客户、联络感情的工具，通常还可以吸引来更多的用户。

商品本身的资料：以药品的推销为例，包括含量、规格、成份、处方、等级变动在内的资料信息。

2.积极维护售后客户关系

维护客户关系是售后服务的工作内容之一。从功能来看，优质的售后服务对于推销员个人或是销售机构都有很大的好处。主要通过以下几种途径进行：

联络感情

绝大部分的售后服务都是在做与客户的感情联络工作，交易促成了与客户之间深厚的友谊，而深厚的友谊又反过来促成了交易的成功。通常企业采用的与客户联络感情的方法主要包括拜访、书信、电话联络和赠送纪念品等。

搜集情报

推销员可以通过售后服务的机会搜集以下两个方面的信息，尽量发掘出有价值的客户信息或有利于推销的其他情报：

客户的背景：在每次交易过程中，推销员都应该巧妙地运用各种技巧去询问或观察得知客户的家庭背景、职业背景、社会关系等信息。

连锁推销：推销人员可以通过老客户向新客户的连锁介绍，使得新客户对所推销商品具有一定的认知和接受，或获取目标客户相关有价值的信息。

在某些人看来，搞好销售前和销售中的工作就等于完成了整个交易过程，顾客就一定会满意。在另外的一些人看来，例如"三包"（包修、包退、包换）等售后问题过分复杂，过程也很漫长，并不具备可行性。

然而，上述的想法都并不全面，商家之所以有这样的想法，正是因为他们还站在卖家的角度考虑问题。试想一下，把自己当作消费者，在购买家电的时候，除了在外观、性能和价格等方面进行比较外，售后服务必然会成为主要的参考依据之一：这个品牌是否在本市有维修站？口碑怎么样？如果真的坏了，能否找得到认真、热情的维修服务？

在两个品牌商品具备同等条件的情况下，售后保障及售后服务的质量好坏将成为消费者作出决定的最终决定依据。除了家电类产品外，顾客在选择其他一切商品的时候，都会因为售后保障而感到充满安全感。所以，售后服务才是消费者在通常情况下花钱完成交易的最终决定要素。一个有着良好售后保障的商家，不仅能给人以信任感，还向消费者展现了自身的专业品质。并且，希望企业还应认识到一点，一个完整的销售过程，还应该包含售后服务在内，绝不应该将其当作是卖家施舍给买家的额外恩典。

生活中，我们经常在很多实体店店铺门口看到一只可爱的招财猫，意喻着生意兴隆招财进宝，但事实上，售后服务才是一只真正意义上的"招财猫"。因为售后服务正是企业能为顾客做的最好的实事，在售后服务的保障下，绝大多数顾客都会在心里给企业打个高分，之后企业的产品也就不愁销量了。

3.最完善的服务带来最完美的结果

一个企业之所以成功，正是得益于三个秘诀：服务、服务、服务。比尔·盖茨说："微软的使命就是给全世界最好的服务。"众所周知，一个企业只有做好了服务，才能赚大钱。

并且，现在企业之间的竞争，可以说就是服务的竞争，只有良好的服务才能吸引来更多的顾客。

除了部分垄断行业，客户可以在任何商店、公司或工厂里买到功能相同的商品。在价格相同的条件下，影响消费者作出最终决定的因素就是较好的服务质量。

但是，众多从事营销行业的工作人员似乎并没有意识到这一点，客户之所以购买他们的产品或服务，正是因为客户个人所享受到的待遇。我们甚至可以说，许多企业能够存活至今，并非是依靠首席执行官或管理者的英明决策，而是因为其接待人员、售货员、送货司机以及服务人员所提供的服务。一旦客户有了更多的选择，就不可能去忍受冷漠、粗鲁的态度，并且，现在已经不再是卖方市场了。在这种情况下，"最好的服务"将成为顾客的最终选择。

微软亚洲研究院首任院长张亚勤说："在 IT 领域，我们现在有很多的竞争者，像 SUN、ORCLE、LINUX、AOL 等，对于我们来讲，怎么才能在未来保持一个很强的竞争位置，最重要的是拥有最好的技术、给用户提供最好的服务、最大的价值。"比尔·盖茨曾说过："微软 80%的利润将来自售后的各种升级、维修、咨询和服务，而只有 20%的利润来自销售本身。"服务至上，正是微软赢利的最主要原因。

一件商品，无论有多好，一旦服务不完善，便无法真正满足客人的要求。甚至客户还会因为在服务方面有缺憾而感到不满，最终导致商品自身的信誉丧失。

所以，从某种角度来说，完善的服务比生产或销售重要得多。

4.用最好的服务赢得客户的忠诚

比尔·盖茨认为：从竞争的意义上讲，让顾客满意，赢得顾客是现代企业迎接挑战，锐意进取的基础和前提。

日趋激烈的市场竞争和日趋微小的产品差异，价格竞争也到了低谷，这就决定了只有员工的服务质量才是消费者最终的选择标准。只有良好的服务才能提升客户的满意度，才能赢得客户的衷心支持。

曾有一个经理，每天开车上班的路上总是会经过 3 个加油站，虽然三个加油站的油价一样，都设有小卖部及洗车服务，但他只会选择其中的一家，因为在那里他能得到员工热情的招待。对此，经理说道："这里的每位员工似乎都在真心喜欢为你做每一件事。而那种情绪会感染你，使你觉得更快乐。"

有一个故事也能说明这一点。

一位替人割草的年轻人希望知道自己在客户心中的形象，便打电话试探雇主。他问道："您需不需要割草？"雇主回答说："不需要，我已有了割草工。"男孩又说："我会帮您拔掉花丛中的杂草。"雇主答道："这个我的割草工会做。"男孩继续说道："我会帮您把草与走道的四周割齐。"雇主还是拒绝道："这些我的割草工都能替我做。谢谢你，我不需要新的割草工人。"

从故事中我们可以明白一个道理，只有不断地询问客户的评价，企业才有可能知道自己真实的情况，也才能知道自己是否已经获得客户的信赖。

忠诚的客户会反复购买你的产品或服务，会乐于向他人推荐你的产品或服务。他们参与到企业的营销活动中来，成为企业活动的广告，四处帮品牌打知名度。通过这些人的推荐和传播，企业的新客户呈现几何倍数式的增加。另外，他们还是企业的最佳产品代言人，他们建立起了企业的口碑，并发挥了强大的宣传作用。而正是因为口碑的存在，才使得企业立于不败之地。

　　下面的故事告诉我们，良好的服务为工作人员也能带来好处：

　　一个阴雨天，一位老太太到一家百货公司里，漫无目的地四处闲逛。但因为正处于关店盘点的时候，很多店员都忙于整理货物，再加上老太太显然并不想要买东西，就没有人搭理她。

　　但其中有一位年轻的女店员却不一样，她是这家百货公司的优秀员工。这位女店员平时总是保持微笑地为顾客服务，无论是有多么难缠的顾客，她都能不厌其烦地上前为其服务。

　　当看到老太太时，这位女店员就主动上前打招呼，问她是否需要帮助。老太太告诉她，自己只是过来躲雨，并没有购物打算。虽然这位女店员也着急理货下班，但仍然保持微笑，主动和老太太聊天。当老太太离开时，她还陪同出店门，为她撑开伞，而老太太向她要了张名片就走了。

　　随后，这名女店员从老板那里得到了一封指定她代表公司到苏格兰接下装潢一幢豪宅的工作的信。

　　而那位老太太正是钢铁大王卡内基的母亲，通过这个交易金额巨大的工作，这位女职员得到了一次晋升的机会。

　　顾客就是上帝，越来越多的企业将客户至上、服务为本作为自己的发展方向。而员工都应具备强烈的服务意识，以"为客户提供更好的服务"作为测量自己的工作的标准，充分感知顾客的要求，提高自身服务意识，从而满足顾客的需要。而一旦员工做到了用真诚来打动顾客，用行动来服务顾客，用热情来感染客户，也就离成功不远了。

　　在如今的市场竞争下，不能将销售和服务分离开来。在当今企业的竞争中，也不能忽视售后服务的重要性。总的来说，在质量、价格基本相当的商品中，只有服务优良的企业才能取胜，也才能长久生存。

　　良好的售后服务不仅是一种对企业经营管理水平和职业道德水平的检验，还是一种提高其产品在客户中间的信誉度，赢得客户支持，获得可观收入的重要途径。而事实上，许多企业成功的例子都证明了这一点。例如美国的微软、日本松下、青岛海尔等都拥有良好的售后服务。

销售并不是一个单一的过程，而是一个不断循环的过程，而这个循环的转轮就是售后服务，忽视售后服务也就等于放弃循环过程。你的事业、业绩和销售生涯都是这个循环所赋予的。

5.与客户沟通的重要性

只有持续加强与客户之间的联系才能使企业的"客户股"升值，客户"终生价值"实现最大化。因此，良好的沟通也就成为了通往成功的重要途径。而企业需要以顾客受尊重和关怀为重点，制定一套完整可行、持久的售后关系沟通策划，并付诸实践。当然，如果能使每一个新顾客成为企业及其产品或服务的活广告的话，正是最理想的状态。

那么，企业要想维系良好的售后关系，必须要定期进行沟通。百忙之中抽出一定时间来与顾客沟通，实现有效交流。如果结合自身实际情况灵活安排的话，时间并不是最大的障碍。

其中，寄送沟通函件是一种可以提高时间效率、维系售后顾客关系的极佳方式，每个企业都可以采用。那么，我们这里就介绍几类常用的沟通函件：

致谢函：这种函件通常发生在交易结束的当天，通过一封信件向交易客户表示慰问以及表达自己的感谢之情。

大人物的问候函：所谓大人物指的是企业里的决策者或高级管理人员。如果你的企业不大，就是指企业的总裁或总经理。如果是大企业，则是指高级管理人员。这种函件应该是在销售结束后的 10~15 天之内寄发，内容主要是从公司最高层的角度出发向顾客表示问候、感谢。通过这种方式，使顾客感受来自企业的重视。

手写贺卡：当企业获知顾客任何好消息的时候，例如生日、获奖、升职、添丁等所有关于顾客及其家庭、亲友的好消息，都要立即寄送一张手写贺卡表示祝贺。虽然事小，但能充分体现出对消费者的尊重和关心。

常规的商务通讯函件：除了上述函件以外，企业还可以选择寄送常规的商务信函、营销材料、定期的通讯、新闻邮件等保持与顾客的友好关系。

细节决定成败，越是细微的事情就越能体现出巨大的商机。如果运用得当，使其作用得到最大程度地发挥，售后服务将会对企业业绩产生巨大的影响。

❖ 妥善解决负面口碑

因为口头传播的负面信息来自于身边熟悉的人，是他们通过实际消费体验总结而来的，所以这些信息对于接收到信息的人来说更具可信度。为此，他们会对这些商品产生不良的印象，尽可能不再光顾该商家。可想而知，负面信息对企业的不良影响十分显著，而企业应该采取有效的防范措施降低消费者负面信息的产生和传播的可能性。具体应该：

提高消费者的满意度

关于这一点，上文已经不止一次提到。企业应该从产品质量入手，降低商品出现问题的概率。这也就意味着，企业必须要重视对从选材到生产制造整个过程的质量把关。并且，还可以通过建立快捷的物流供应体系和灵敏的市场反应机制来满足消费者的需求，从而使消费者的满意度得到提高。

对重点客户开展关系营销

事实证明，那些社会化程度高、社会责任感强的消费者才是负面信息传播的主要参与者，因此，企业必须将其作为开展关系营销的重点对象。为此，企业可以根据需要建立重点消费者信息库，随时与这些人保持密切联系，以便及时发现并妥善处理问题，以降低他们传播负面信息的可能性。另外，如果厂商能够及时妥善地处理好问题，提高这些消费者的满意度，这些人还会为企业传播良好的正面的口碑，也可以说是一举两得。

赔偿问题

消费者在商品出现问题的时候，希望通过向厂商投诉而获得赔偿，但也有很多消费者放弃了这一权利。其中的原因正是，消费者感觉进行投诉索赔需要花费大量的时间和精力，并且最终的结果也并不十分明确。因此，如果厂商能够做出明确的有关商品问题的赔偿承诺，就会导致消费者在遇到上述情况时选择向厂商投诉，也就更方便厂商解决问题。当消费者对索赔的结果满意的时候，其传播负面信息的行为也会同时停止，还有可能向其他人推荐这个商品。因此，厂商应该在商品包装的明显位置上标明遇到商品问题时的赔偿条款以及正确的联系方法，方便消费者进行投诉。

另外，消费者往往会特别关注贵重商品的负面消息，因为这些商品价值高，一旦出现问题就可能会带来重大损失。对此，厂商可以免费提供保险，免除消费者的顾虑。而且，即使商品出现问题，消费者也可以轻而易举地从保险公司处得到相应的赔偿。而同时，对贵重物品提供免费保险还可以有效降低负面信息传播的可能性。

强化危机管理能力

百密自有一疏，没有任何完全无纰漏的防范措施，因此，企业应该建立有效的危机管理机制来解决可能出现的突发性危机。例如，商品出现了具有较大影响力的问题，企业应该及时通过公开信息渠道向公众将问题出现的原因以及公司采取的解决方案解释清楚，避免双方产生误解从而导致负面口碑的口头扩散，更防止由于信息失真给企业的经营带来的巨大损失。另外，企业在进行危机公关的时候，应该注意采用统一的渠道以统一的口径向公众传递信息，避免多渠道、多口径导致的说法不一，最终引发诚信危机。

❖ 阻断负面口碑传播，做好口碑管理

企业必须要在负面口碑传播的开始迅速做出反应，因为一旦形成负面口碑，将不能制止其扩散，从而破坏企业形象，损坏企业长远的利益。那么，企业要想防患于未然，首先要提供让消费者满意的产品；其次要为消费者提供投诉的便利，减少投诉障碍以减轻消费者负面口碑的影响。因为消费者如果很轻易就能投诉成功，往往就不会通过非正式渠道来发泄心中的不满，更不会对企业产生更大的损害。而如果投诉得不到妥善解决，也会加重负面口碑的传播。再次，要利用满意的补救措施实现正面口碑传播，防止因不满意的补救带来对企业的损害。因此，实施补救措施的最终原则就是：让消费者满意。

事实上，让消费者满意的关键在于让消费者得到适当或者超过其所受损害的补偿，从而将负面情绪扼杀在摇篮中。消费者损失不仅包括其购买产品所遭受的损失，还包括因此所遭受的心理压力和投诉费用。关于这一点，很多国内企业应该特别注意，因为长久以来形成的卖出商品就是好，并不十分重视售后的思想在其心中根深蒂固，哪怕之前作出过很多承诺，但一经售出就不再过问。直到产品出现了问题，这些企业还是采取不理不睬的态度，尽可能地远离责任。然而，这种短视行为是口碑营销所不齿的，因为这种行为必将为企业带来更多的负面口碑信息，损害企业的长远

利益，阻碍企业的发展。

在传统的观点看来，负面口碑是从顾客满意角度来处理的，认为负面口碑是因为顾客没有获得满意的产品或服务而产生的。所以企业要争取顾客满意，从而将负面口碑消灭。那么，怎样才能做到避免负面口碑，让顾客满意呢？可以通过以下两种方法：一是从产品和服务本身着手，为消费者提供高质量产品和服务，从而满足顾客的需求，提高消费者的满意度。然而，这种方法在短时间内并不能完全掌握，或者即使能够完全掌握也需要付出高昂的成本。这时，就是要从口碑本身着手。既然顾客购买行为后的口碑取决于顾客满意程度，而顾客满意程度受到产品服务本身和产品服务的预期两个因素影响。其中，顾客对产品和服务的预期品质主要是由顾客在购买行为之前参与的口碑传播活动决定。因此，为了帮助顾客对产品和服务正确定位，在购买前不会产生一个偏高的预期，企业应该通过对口碑传播的内容的管理和矫正，尽量减少顾客不满意的发生率，从而最终降低负面口碑出现的可能性。例如企业会公开披露自己产品的不足，通过正式的传播渠道提醒顾客在购买和使用时需要注意的问题。

而另一种处理负面口碑的方法则是从消费者的心理和负面口碑传播的过程出发来解决问题。

从理论上来说，企业如果能满足潜在负面口碑传播者的心理需要，就可能很好地解决负面口碑的问题。

有的时候，负面口碑的形成并非完全由产品或服务的质量不佳所造成，由于受到消费者所持有的期望值的影响，消费者感知的质量偏低而造成负面口碑产生。在企业不知情的情况下，这些失望的消费者会向其他消费者传播对企业不利的信息。为此，企业需要建立有效的预防机制来及时、有效地管理这种负面口碑的产生和传播。第一点，企业要利用有效的员工培训制度，将"将消费者投诉视为资本"的意识灌输到员工大脑里。另外，利用培训教育让员工明白消费者投诉的重要性：可使企业及时发现并修正产品或服务上出现的问题，同时获取创新的信息；使企业再次赢得消费者的信赖；为企业提供树立其良好形象的要素。在这种气氛的熏染下，员工也就能理解消费者投诉对企业的意义了。第二点，企业应建立完善的消费者档案系统，并及时进行更新，从而消除其不满。

有研究指出，包含不满情绪的顾客向企业申诉的成功率的判断将决定其是否给企业一个机会妥善解决问题或获取补偿，还是直接散布大量的负面口碑。同时据结果显示，相比于问题能否得到妥善解决，顾客更看重是否得到足够的尊重、友善和礼貌对待。因此，这就要求企业建立一个能够让顾客倾诉烦恼的渠道，积极地对待顾客的抱怨，表现出尊重和礼貌。并且，研究还表明，一旦顾客在投诉之后，企业一次性就解决了其问题，那么顾客将更有可能散布正面的口碑。即使并非一次性解决问题，只要企业态度诚恳，也不会产生过多的负面口碑。然而，连续两次失败的解决方案将会导致企业在顾客心目中的形象大为降低，即使企业的态度再诚恳也无法挽回顾客的负面口碑。这就要求企业在不能一次性妥善解决顾客的投诉且不能令顾客满意时，必须保证第二次的方案成功。往往在这个时候，企业会选择退货、赔偿等最能够直接满足顾客的方式。

有一点值得企业注意，负面口碑的管理并非是要杜绝一切的负面口碑，而是在阻止负面口碑无休止地在消费者中无限扩散。传统的负面口碑管理的目标是杜绝一切负面口碑，这对于 21 世纪的口碑营销而言是不可行的，因为负面口碑也是一种信息传递，其本身就蕴含着价值。而一旦企业能够正确地利用负面口碑来为自己所用，那么其将转化成为一笔巨大的财富。事实也证明，顾客的负面口碑正是企业技术革新的最佳动力，为企业提供源源不断的启示。并且，对企业来说，能够及时完整有效地收集顾客的负面口碑也是一种独特的竞争力。

❖ 全方位预防和管理负面口碑

对于企业来说，负面口碑通常会产生巨大的伤害。因此，企业必须要想方设法减少负面口碑出现，或者，至少要让负面口碑带来的损失降到最低。

要建立有效情报机制

相比于传统营销方式，口碑营销的受众更不具有可控性，这也就意味着不可控的风险随时可能发生。因此，这也就需要企业建立一个高度敏感的、能及时做出反应的预警机制，及时发现并想出对策解决掉负面口碑。企业只要能够将负面口碑扼杀在发展初期，就能防止其愈演愈烈，最终造成不可挽回的损失。

1.重视舆论导向

企业只有随时关注网络舆论的导向，才能立马识别出负面口碑。网络在信息时代已发展成为主要的沟通交流工具，并逐渐成为消费者传播对企业评论的一个主要平台。消费者在这个平台上，可以不受约束地大胆评论所买商品的优劣，交流对所关注商品的信息。为此，企业应主动关注网络上与自己产品有关的评论，尤其是发表在网络平台上的严重威胁企业产品的评论。例如在 iPod 刚上市时，一位顾客因电池问题而对产品产生不满，并将自己的负面评价发表到相关的 BBS 博客上。这件事受到了苹果公司的关注。随后，公司及时给予该顾客赔付，并宣布提供换电池服务以及付费延长三包期限优惠，及时阻止了负面口碑的进一步传播，在一定程度上维护了公司的形象。对企业而言，关注网络舆论导向，及早识别负面信息是极其重要的。

2.重视与顾客交流

企业应该重视与顾客的交流，帮助自己尽快识别负面信息。无论是现有顾客还是潜在顾客，企业都应予以重视。对于前者，企业可建立一个包括顾客的个人资料、购买次数和购买满意度等信息的完整的信息库，并形成自己的 VIP 顾客群，及时将部分购买次数较多或对产品忠诚度较高的顾客升级为企业产品的 VIP 顾客。企业对 VIP 顾客应该重点维护，通过给予一定的优惠政策和积分奖励来增强他们对产品的信心，减少负面口碑传播的可能性。针对潜在顾客，企业可通过电话访问或享受初次免费体验的方式激励消费群体，使其产生对企业产品的良好印象。同时，企业还可以挖掘出客户群的有影响力的人，形成传播正面口碑的潜在顾客群。

3.警惕竞争对手诽谤

对于竞争对手的恶意诽谤，企业必须要时刻保持警惕，保持冷静，并快速作出反应，迅速将问题解决。首先，企业要认真对待竞争对手的诽谤。如果有恶意诽谤，就说明自身可能也会存在问题。因为竞争对手不会毫无理由地恶意诽谤，它一定要找个理由来攻击企业的不足。因此，企业一定要认真对待。其次，要诚心处理。企业在面对竞争对手的恶意诽谤时，要诚心地处理，分析自身的不足之处，诚心面对问题，采取措施弥补不足。最后，在问题得以圆满解决的前提下，企业可以通过宣传自己，并借用对手的恶意诽谤来提升自己的知名度和外部形象。当企业一味地回避或者不正面直视对手的恶意诽谤，只能助长对方嚣张的气焰，促使其做出更多有损公司形象的事情来。所以，企业一定要学会反击，借用对方之手来提高自己的名气和形象，主动出击给竞争对手以重创，也可起到杀鸡儆猴的效果。

要建立免疫机制

企业在建立有效的预警机制的同时，还要提升自己的免疫力，防止受到负面口碑的损害。企业一旦有了良好的免疫机制，就能不惧任何负面口碑的影响，在一定程度上减轻了负面口碑所带来的损害结果。

1.重视品牌建设

负面口碑对于那些拥有良好品牌形象的企业来说，不会造成损害，因为企业忠诚的消费者也会因其具有良好的品牌形象而不受负面口碑的影响。其中，良好的品牌形象源自企业良好的品牌信誉，而要想建立良好的企业品牌信誉就需要重视顾客的体验。因此，企业要及时搜集顾客体验信息，及时制定相应的对策，从而有效培养企业品牌信誉。

冰冻三尺非一日之寒，企业的品牌建设是一个漫长的过程，并且品牌的作用也是一种潜移默化的作用。所以，企业不能只顾眼前利益，忽视品牌建设对企业的长远影响。在建设品牌的过程中，企业必须要强化正面形象，赢取消费者的信赖。为此，企业要结合品牌与各种社会公益性活动，在社会公众心中留下一个良好的印象。品牌建设真可谓是防御负面口碑的最好武器。

2.重视文化建设

企业塑造产品竞争力的一个重要策略就是文化建设，企业可以从不同的层面实施这一建设。从消费者的角度来看，文化习惯、文化背景等元素与其对某一商品评价与思考之间的关系，具有不确定性、隐蔽性特点。而2008年年初，"艳照门"事件曝光，某企业准备聘用与事件有关的某明星为其产品代言人。但经过一段时间的试宣传后，企业发现该广告产生了极大的负面影响，甚至某些电视台还收到要求停播该广告的信件。文化在这一事件中扮演着非常重要的角色。因为该企业有一定的品牌基础，在经历这一事件后，立刻对宣传计划作出调整，不定期地疏导部分可能受到心理伤害的人群。同时，与媒体合作处理善后。由此可见，口碑在商品社会的传播被产品的文化内涵所决定。企业在面对负面口碑时，应及时对营销的文化内涵做出调整，借由文化的力量来影响口碑的传播。

3.提升品牌知名度

事实证明，消费者对企业品牌已有的认知可弱化负面口碑对其产生的影响。而负面口碑只有得到传播者高度认同，且观点比较明确，在不同场合、对象口中得到确切的证实才会对接收者产生影响。根据归因理论，消费者在接收到负面口碑时会产生，因为企业确实这样才会产生这样的信息的想法，或者认为这仅仅是口碑传播者自己的观点，不符合企业实情。如前文所述，当消费者对企业品牌有不同感知时，消费者就会产生不同的认知：对于拥有正面形象和高熟悉度的企业，信息接收者会把负面信息归因为传播者说谎；对于拥有负面形象和低熟悉度的企业，信息接收者则会认为企业确实存在缺陷；但对于拥有正面形象和低熟悉度的企业，信息接收者也会把负面信息归因为传播者说谎；对于拥有负面形象和高熟悉度的企业，信息接收者还是会把负面信息归因为企业存在缺陷。所以，企业如果想要让负面口碑不对信息接收者产生影响，就必须要加强自身的品牌建设，提高消费者对企业品牌的形象熟悉程度。因为，良好的品牌形象和较高的品牌熟悉度都可使消费者自动满意企业的负面口碑。

所以说，企业只有良好的品牌形象是不够的，还要通过各种途径来增加自身的知名度，让更多的人知道品牌的优势所在，提高公众对品牌的熟悉度。虽然并非所有消费者都会购买优势品牌的产品，但在消费者获知优势品牌的负面口碑时，往往会选择持怀疑态度，甚至会通过其他途径来验证该品牌的负面信息是否属实。总而言之，让公众熟悉品牌是企业抵御流言攻击的绝佳武器，也是企业提高对负面口碑免疫能力的良好途径。

4.强化危机意识

百密必有一疏，任何企业也无法做到完全杜绝负面口碑的产生、传播。因此，一旦发现负面口碑产生较大范围的影响或者正在迅速传播的时候，就应该想方设法采取措施解决危机。当然，这么做的前提是企业拥有一套高效率且运行正常的危机反应机制以及企业的对外人员拥有较强的危机意识，一旦发现问题，立马统一口径，一致对外。

5.提高顾客满意度

据研究表明，有四个因素使得消费者传播负面口碑：利他、缓解焦虑、报复和寻求建议。可见，消费者传播负面口碑的最终根源，都是因为自己不满意的消费经历，而正是这次不满意的消费经历构成了负面口碑的主要内容。顾客不满意是其传播负面口碑的主要动因，而从消费者的角度来看，相对负面口碑而言，企业和产品的正面信息更加丰富。因此，消费者才会对负面信息更敏感、印象更深刻。一旦消费者不满自己所购买的商品或服务时，通常会选择将这次不愉快的消费经历告诉周围的人，进而影响信息接收者所作的购买决定。所以，企业必须从源头上防止负面信息的产生，也即是从提高顾客满意度出发消除顾客的不满，避免负面口碑产生。

企业可以从提高顾客的让渡价值来提高消费者的满意度，让其从一次购买活动中获得更多的价值。另外，企业还可以通过售前、售后的服务来提高消费者的满意度，减少顾客的不满。顾客对产品的需求是多种多样的，没有任何产品会受到所有人的欢迎，而且企业也不可能生产出完美的产品，因为每位顾客都会对产品有特殊的要求。因此，企业可以通过完善售后服务，强调个性化服务以满足顾客的个性化需求，从而提高消费者的满意度。

为了提高消费者的满意度，企业还需要降低出现问题的概率。为此，企业要对产品生产的全过程层层把关，保证产品的质量，从产品源头减少负面口碑产生的可能性。同时，企业还要认真编写产品说明书，将产品的性质、性能、构造、用途、规格等信息真实详尽地告知消费者，并且要保证内容齐全、准确，特点突出，语言通俗易懂，尽量避免因产品说明不清楚而造成双方之间的误解。

建立转化机制

研究发现，只有那些具有较高社会化程度和社会责任感的人才会经常传播负面口碑。因为社会化程度比较高的人往往性格比较外向，喜欢与人交流信息，并且能轻松、准确地将自己的看法表达出来，也就是生活中所谓的"活跃者"和办公室里的"宣传员"。这些人会通过各种途径获取信息，并将信息传播给其他人。因为他们消息灵通，通常也会有人向其请教遇到的问题，如此长久下去就能发展成为某些产品领域的有影响力的人。而一旦他们在消费过程中遭遇不满的购物经历，就会选择在各个场合向熟人输送负面信息。所以，企业负面信息的主要传播源头正是社会化程度比较高的消费者。

另外，关于社会责任感比较强，通常这样的人会以维护社会大众的利益为己任，乐于助人，不求回报。因为自身具有强烈的是非观念，所以一旦在购买产品或服务的过程中遭遇不满意，就会倾向于把自己不愉快的消费经历向外传播，让他人尽可能了解出现的问题，以及问题所带来的困扰。并且，他们还会告诫他人不要购买这个商品，以免重蹈覆辙。

企业要想消除负面口碑，首先就应该培养自己与社会化程度高、社会责任感强的消费者之间的关系，将其作为开展关系营销的重点对象。

1.拉近距离

根据需要，企业可以建立关于重点顾客的信息库，与那些容易传播负面信息的消费者保持友好的关系。同时，企业要定期收集顾客信息，从对其购买数据、心理、行为特征分析中识别出重点顾客。另外，企业找到那些社会化程度比较高和社会责任感比较强的顾客，为对方建立专门的信息库以根据其个人资料，与顾客取得联系，为开展关系营销做好准备。

2.巩固关系

企业在维护与重点顾客之间的关系时，要为已被识别的重点顾客制订忠诚培养计划。企业一方面要及时、主动地与重点顾客进行沟通，对其反映的产品、服务问题进行妥善处理，并与之建立一定的感情，提高其满意度，减小传播负面信息的概率。另一方面，还要利用如提供特殊关怀、积分激励等方式，培养并形成重点顾客对企业的忠诚度。因为，相对于普通顾客而言，重点顾客的忠诚，会为企业带来强大的正面口碑传播效应。

建立疏导机制

企业出于种种理由，并不能保证其所提供的产品或服务高于或等于顾客期望，做到 100%让顾客满意。而一旦顾客产生不满，负面口碑也就随之诞生了，随后就是顾客的投诉。顾客向企业投诉，一方面要寻求公平的解决方案，另一方面说明其对企业还存在一定希望，希望企业能抓住这次机会妥善解决问题。因此，企业应该准确把握这次机会，将负面口碑转化为正面口碑。

1.妥善处理顾客抱怨

根据研究得出，一个不满意的顾客至少会把自己的不愉快经历告诉 9 位顾客。另外，还有研究表明，相对于不公开的攻击而言，公开的攻击更能使人获得满足感。而一位顾客在互联网上宣泄自己的不满时，写道："只需 5 分钟，我就会向数以千计的顾客讲述自己的遭遇，这就是对企业最好的报复……"然而，企业如果能鼓励顾客通过向企业投诉的方式宣泄不满，将顾客的不满和宣泄置于自己的控制之下，至少能够防止顾客向其他 9 个人传播负面情绪。并且，实践表明，如果顾客投诉能够得到迅速、圆满的解决，其满意度就会大幅提高，并会产生比问题发生前更高的忠诚度。而且，在投诉得到合理解决后，有的顾客会成为企业的义务宣传员。通过顾客的口碑宣传，企业赢得了更多的顾客。因此，正确地处理顾客抱怨是负面口碑转化的关键，只有将消费者宣泄不满的行为引导到正式的渠道上来，才会最大限度减少不利于企业的负面信息的传播，甚至极有可能实现从负面口碑向正面口碑的转化。

2.投诉处理机制的完善

综上所述，企业应该建立一套完善的顾客投诉处理机制，鼓励不满意的顾客将意见反馈给企业。随后，企业再通过一定的服务安抚顾客，并解决出现的问题，将原来的不满变成满意。这样一来，也就消除了负面口碑传播的动因。因此，企业应该完善顾客投诉处理机制，为顾客发泄不满提供一个正常且可控制的途径，通过提供免费服务电话等方式鼓励心存不满的顾客向企业反映问题。通过企业积极地引导，顾客的不满情绪及时得到了宣泄，而企业也控制住了负面口碑的继续传播。另外，对于顾客，企业应该提供一个免费，或者可以获得奖励的意见反馈渠道来方便消费者提出意见。建立完善的意见反馈机制后，企业还要建立快速有效的顾客意见处理机制，及时、准确、有效地处理顾客所反馈的意见。研究还表明，一旦顾客在投诉之后，企业一次性就解决了其问题，那么顾客将更有可能散布正面的口碑。即使并非一次性解决问题，只要企业态度诚恳，也不会产生过多的负面口碑。然而，连续两次失败的解决方案将会导致企业在顾客心目中的形象大为降低，即使企业的态度再诚恳也无法挽回顾客的负面口碑。

3.鼓励投诉

产品一旦出现问题，消费者就可能会向企业投诉索取赔偿，但并不是所有消费者都选择这么做。因为在消费者看来，这样做需要一定的时间成本和金钱投入，并且最后并不一定会成功。但企业如果能够做出明确的赔偿承诺，就会使消费者在商品出现问题的时候，首先选择向企业索赔。而一旦消费者索赔的请求得到圆满解决，消费者就停止向他人传播负面的信息，甚至反而成为企业的活广告。已草拟，企业应在商品包装的显著位置标明赔偿的条款和联系的方式，方便消费者进行投诉。

综上所述，负面口碑会在一定程度上损害企业的利益，企业应采取有效的措施消除负面口碑的影响。这就要求企业必须加强重视顾客满意度，消除负面口碑传播的基础。并且，还要企业关注培养与重点顾客之间的关系，提高顾客忠诚度，实现扭负为正。最后，企业还要利用良好的品牌形象以及较高的品牌熟悉度来提高自身对负面口碑的免疫能力。